英語の
技術文書

エンジニア、ビジネスパーソンが
技術英語のスキルで**10**種の文書をすばやく学べる

中山 裕木子 著

研究社

技術文書とは

―― 文書別の特徴を知り、読み手に対して正確、明確、簡潔に書く

技術・製品を扱う各種文書

　各種の製品や技術を扱うメーカーや研究機関では、以下のような文書の作成が必要になります。

文書の種類	用　途
メール（Email）	社内・社外との日々のコミュニケーション
議事録（Meeting minutes）	会議の記録
製品説明 （Product description）	製品をカタログやホームページで説明
プレゼン資料 （Presentation slides and notes）	口頭で技術を発表
報告書（Report）	各種の報告
提案書（Proposal）	技術・アイディアの企画を売り込む
マニュアル（Manual）	製品の使い方などの手順説明
仕様書（Specification）	製品が満たすべき要件を記述
契約書（Agreement/contract）	他の組織との取り決めを記述
論文（Research article）	新規な独自技術を論じて発表

　このような文書を限られた時間内で正しく伝わるように作成しなくてはならない実務の現場から、悩みの声が寄せられました。

・「業務中、英語でメールを書くのに時間がかかってしまう」
・「会議の議事録の担当となったが、短い英語で記録する方法がわからない」
・「翻訳者が英語に訳したユーザーズマニュアルをチェックするとき、正し

く伝わっているのか判断しづらい」

・「製品の仕様をまとめたいが、英語での適切な書き方がわからない」

　各種技術文書を正しく作成するまたは適切にチェックをするためには、2つのことが必要です。

・各文書に固有の文体の特徴を知る
・文書に共通の「読み手のための3つのC（正確・明確・簡潔）」を理解する

各文書に固有の文体の特徴とは

　文書には特徴的な固有の文体（スタイル）があります。例えば、「制動装置（braking system）」という単語を含む複数の英文を読み、各文書の特徴を探してください。

(1) **We would like to** discuss potential issues with our new braking system before the next meeting.

(2) **Our** braking system **features** multiple technologies to ensure that we have backup functionality whenever needed.

(3) **Read your** car instructions or **ask your** dealer **how** the braking system works.

(4) The braking system **shall** have backup functionality that automatically supplies power in power failure situations **specified** in Appendix 1.

(5) **The Buyer** has an option right to purchase specified parts for the braking system **until and including** December 31, 2023.

(1) メール 助動詞の過去形 would で気持ちを伝える。話し言葉の動詞 like を使用。

(2) 製品説明 一人称 Our で主語を強調。明快な動詞 feature（〜を特徴とする）を使った SVO で製品に利点があることを明示。

(3) マニュアル 動詞から文を開始し、読み手への指示を出す。命令文を使った典型的なマニュアル表現。また、your car instructions（あなたの車の説明書）、your dealer（あなたのディーラー）という your（あなたの）を使って

読み手に話しかける。平易な文言 how ___ works（〜がどのように動作するか）を使用。

(4) 仕様書 shall で要件を表す。shall は正式文書では主語に強い義務を課す助動詞。specified in Appendix 1 の動詞 specified は「詳細が明記された（＝仕様書に規定された)」を表す。

(5) 契約書 先行する箇所で当事者を Buyer と定義し、大文字で始める。前置詞を 2 つ並べて until and including* とすることで、記載した日付の当日を含む、つまり「2023 年 12 月 31 日までかつその日を含む」を明記。

　＊ including は、動詞 include の分詞という理解もできるが、辞書に前置詞の記載がある。

　このように、1 つの文を読むだけでも、その特徴的な文体（スタイル）により、どの文書から抜粋したかがわかります。言い換えれば、文書の特徴を理解することで、製品や技術に必要になる複数の文書を適切に書き分けることができるようになります。

文書共通の「読み手のための 3 つの C（正確・明確・簡潔)」

　情報を伝えることを目的とした各種技術文書は、それぞれの読み手に向けて正確・明確・簡潔に書くことが重要です。この **読み手のための 3 つの C（Correct, Clear, Concise)** を全文書に共通の要件として理解し、実践することが重要です。

Correct（正確であること）は、企業・組織が活動を続けるために必須。技術文書に誤りがあれば信頼を損なう上に、読み手がその文書をもとに不適切な意志決定や誤った動作を行う危険が生じます。

Clear（明確であること）は、技術文書が読み手によらず同じ意味に理解されるために重要。明確に表現すれば、誤解を防ぐことができ、正確になります。

Concise（簡潔であること）は、忙しい読み手が誤らずに読めるために重要。最小限の単語数で表現すれば、不明瞭や不正確になることを防ぎ、明確で正確になります。

3つの C を満たすための英語ライティングのコツがあります。初学者も上級者も、文書の種類によらず、3つの C を満たすために次の点をチェックします。

正確に書くために注意すること
　・文法の適切さ
　・単語の選択
　・直訳の誤り
　・数、句読点、略語の表記
　・スペルや数値の誤記

明確で簡潔に書くために注意すること
　・動詞を活かして文を組み立てる
　・具体的に表現する
　・やさしい単語を使う
　・表現をそろえる
　・不要な単語を減らす
　・否定の内容も肯定形で表現する

　はじめに Correct（正確さ）、次に Clear & Concise（明確さ、簡潔さ）をチェックするのがお薦めです。
　英文を書くたびに、「文書共通の 3C チェック項目」（p. vii）を使って隅々まで確認しましょう。

文書共通の3C チェック項目

Correct（正確さ）をチェック
① 文法の適切さ
- ☑ 名詞を確認。数える名詞の単数形を無冠詞で書いていないか、不適切な冠詞の使用はないか。単複の決定が適切か。
- ☑ 動詞を確認。三単現の s、時制が正しいか。難しい動詞を使った誤りはないか。動詞が定める文の構造は正しいか。
- ☑ 係り受けを確認。前置詞、分詞、関係代名詞、to 不定詞の係りが適切か。

② 単語の選択
- ☑ 平易な単語を使っているか。技術用語の選択が適切か。用法は正しいか。

③ 直訳の誤り
- ☑ 日本語が透けて見えることによる誤りはないか。

④ 数、句読点、略語の表記
- ☑ 正しい表記を使っているか。
  例：10mm → 10 mm（スペース）／ can't → cannot（省略形をやめる*）＊メールは省略形も可能
- ☑ カタカナ語・略語の英訳が正しいか。

⑤ スペルや数値の誤記
- ☑ スペルや数値の単純ミスはないか。

Clear & Concise（明確さ、簡潔さ）をチェック
① 動詞を活かして文を組み立てる
- ☑ 主語の直後に動詞があるか。頭でっかちな文は改善する。
- ☑ 主語から文を開始しているか。飛び出す句が多くないか。
- ☑ 最もシンプルで強い SVO（誰かが何かをする）を使っているか。
- ☑ SV、SVC を使いすぎていないか（SVO で書けないか）。
- ☑ SVOO, SVOC を使っていないか。＊メールでは多少の SVOO, SVOC が可能
- ☑ イディオム（群動詞）を避けて動詞 1 語のみで表現できているか。
- ☑ 具体的かつ平易な動詞を使っているか。make や do を使っていないか。

☑ 能動態を中心に使っているか（モノが主語の能動態が中心。必要に応じて人が主語の能動態）。

② 具体的に表現する

☑ 読み手の疑問が生じる曖昧表現がないか。etc. や and so on や some も控える。

☑ 代名詞を多用していないか。文中に指すものがない代名詞を控える。

☑ 文中、文同士のつながりが適切か。

③ やさしい単語を使う

☑ 読み手にとってやさしい単語を使っているか。一般語（主に動詞）には平易な単語を使い、技術用語（主に名詞）は適切な専門用語を使用。

④ 表現をそろえる

☑ 同じことを表す表現を一貫してくり返し使っているか。

☑ 文内・文間の構造がそろっているか。

⑤ 不要な単語を減らす

☑ 1 語でも減らせないか。

⑥ 否定の内容も肯定形で表現する

☑ not 文を多用していないか。

メールのチェック例

Re: Regarding defects issue happened in our X-series DRAM memory

> 単語数多い。動詞の使い方が不適。略語が不適

Dear Mr. Kim,

I am Tanaka at Memory company.

> 冒頭の名乗りは不要

I want to discuss detail of issue.

> 動詞 want が不適。detail と issue の冠詞と単複が不適

So, could you give me some time to carry out a 1-hour online meeting?

> So がカジュアルで不適。表現が複雑

〈Preferred date〉

> 〈 〉が不適

・9/7/2022 at am 10〜12
・9/8/2022 at pm 1〜4

> 〜が不適。スラッシュは9月7日か7月9日かが不明

Your cooperation would be appreciated.

> 受け身は語数が多い

Ken Tanaka

> メールのフォーマットを確認

件名：X シリーズ DRAM メモリの不良問題に関して

キム様

いつもお世話になっております。

メモリー社の田中です。

本件に関して、詳しい打ち合わせのために1時間のオンライン会議の時間を頂きたいです。

〈希望日〉

・2022 年 9 月 7 日 AM10〜12
・2022 年 9 月 8 日 PM1〜4

宜しく御願いします。

タナカ　ケン

Correct（正確さ）をチェック

文法の適切さ

- ☑「名詞」を確認：detail, issue の単複と冠詞を正しく。
- ☑「動詞」を確認：want を現在形の別の動詞に変更（「実務で使える動詞への変換」p. 133 参照））。
- ☑ 正しい表記を使っているか：日付を修正（p. 18 参照）。「〜」の使用をやめる。
- ☑ 略語の英訳が正しいか：DRAM = dynamic random access memory なので memory の重複を修正。

Clear & Concise（明確さ、簡潔さ）をチェック

不要な単語を減らす

- ☑ 1 語でも減らせないか：件名の不要語を省く。
- ☑ SVOO, SVOC を使っていないか：give me some time を変更。
- ☑ 読み手の疑問が生じる曖昧表現がないか。etc. や and so on や some も控える：some time を明確に。
- ☑ 1 語でも減らせないか：不要語をすべて取り除く。

ブラッシュアップの結果

Re: Defects in our X-series DRAM

Dear Mr. Kim,

Thank you for your email.

> We need to は We would like to も可。
> 見やすくレイアウト

We need to discuss the defect issue in detail. I am available on the following dates and times for a 1-hour online meeting:
- September 7, 2022   10 to 12 a.m.
- September 8, 2022   1 to 4 p.m.

Please let me know your availability. Thanks.

> 段落を作る

Best regards,

Ken Tanaka

製品説明のチェック例

Our company developed a out door type observation elevator for high-rise building. The out door type observation elevator has a structure that the cage overhangs from a wall. That makes people feel as if they are floating in air, and makes a view beautiful.

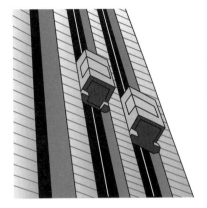

高層ビル用のアウトドア型展望エレベーターを開発しました。ケージが壁から張り出す構造のため、空中に浮いているように感じられるとともに、眺めも良くなっています。

Correct（正確さ）をチェック

文法の適切さ

☑「名詞」を確認：a out door → an outdoor（冠詞を訂正、1語に変更）、building（建物）は数える名詞のために無冠詞単数形は不可。一般論を表す複数形に変更。

☑「動詞」を確認：過去形は→現在完了形に変更することで「今」に近づける。

Clear & Concise（明確さ、簡潔さ）をチェック

不要な言葉を減らす

☑一語でも減らせないか：out door type の型（type）を削除。2文目の主語 The outdoor type observation elevator は長いため The elevator に変更。「構造」を表す a structure that は structure を使わずに具体的に。

動詞を活かして文を組み立てる

☑SVOO, SVOC を使っていないか：That makes people feel as if … と makes a view beautiful の SVOC を SVO（誰かが何かをする）に変更。

☑具体的かつ平易な動詞を使っているか：SVOC から SVO に変更するにあたり、平易な動詞 experience（経験する）、enjoy（楽しむ）に変更。

具体的に表現する。

☑ 読み手の疑問が生じる曖昧表現がないか：people を具体的に passengers
（エレベーターの乗客）と変更して、前文の elevator とのつながりを明示。

ブラッシュアップの結果

> Our company has developed an outdoor observation elevator
> for high-rise buildings. The elevator has the cage overhanging
> from the building wall. Passengers can experience the feeling
> of floating in the air and enjoy a beautiful view.

さて、技術英語は、長年かけて自然に習得するものではなく、短期間で一気
に、かつ積極的に習得するのが得策です。短期間での習得のためには、先の
3C のチェック項目を 1 項目ずつ、集中して克服します。ひとたび勉強をはじ
めると、習得項目は必ず早期に終わりが見え、正確、明確、簡潔な英文を書く
ことができるようになります。

正確、明確、簡潔に各文書の英文が書けるようになれば、仕事にかかる時間
が短縮され、その精度も高まります。技術英語の学習に費やした時間は、大幅
なリターンをもたらしてくれます。読み手のための 3 つの C（正確・明確・簡潔）
を満たした適切な技術文書により、企業や研究機関の活動を正しく伝え、企業
価値と国際競争力を高めることができます。

本書の特徴

本書は、企業や研究機関が製品や技術を提供する際に必要となる各種文書
（メール、議事録、製品説明、プレゼン資料、報告書、提案書、マニュアル、仕様書、
契約書、論文）の特徴をすばやく知り、正確かつ明確で簡潔に伝わる各文書を
作成する力、各文書をチェックする力を養うことを目指します。

各文書での英語の書き方を効率的に習得できるよう、次のように構成してい
ます。

各文書の概要説明と基本のスタイル
　↓
各文書に固有のポイントの説明
　↓
各文書作成の練習問題や表現集

　Part I の Unit 1 〜 Unit 5「基本のビジネス技術文書（メールから報告書）」、
Part II の Unit 1 〜 Unit 5「専門的な実践技術文書（提案書から論文）」のうち、
どの文書から開始いただくことも可能です。自由にページをめくり、文書の特
徴を学び、英語表現のコツを押さえ、英作練習にも取り組んでください。
　各 Unit の冒頭にはテンプレートなるようなサンプルを掲げてその特徴を具
体例に即して解説しています。また、そのサンプル文書がどのような和文に基
づいて作成されたかを、「参考和文」として示しました。

Memo

随所に Memo を設け、各技術文書を書くために必須の文法や表記の決まり、英
語のコツを習得していただけるように構成しています。

Message to You

各 Unit の終わりに設けたコラム *Message to You* では、技術文書作成に関する読
み物をお届けします。各種文書の動向や展望、技術文書にまつわるこぼれ話を
お伝えします。

「3 つの C」の基礎事項をさらに詳しく知りたい方は、『技術系英文ライティング教本』
（日本能率協会マネジメントセンター）と『技術英語の基本を学ぶ例文 300 —エンジニ
ア・研究者・技術翻訳者のための』（研究社）をお読みください。

目次

Memo　目次

基本のビジネス技術文書

日々の業務で技術を扱う基本文書

　業務における日々のコミュニケーションには **「メール」** を多く使います。話しているような簡易なものから、業務の依頼をする正式なものまで、様々な形態でメールを活用します。また、ウェブ会議をはじめとした会議も実務の重要なコミュニケーション手段であり、口頭で行われる会議の内容と決定事項を記録に残す **「議事録」** が必要です。

　製品を販売するためには、ユーザーにその製品や技術の特徴を知らせる **「製品説明」** が必要です。さらには製品・技術の特徴を口頭で発表するための **「プレゼン資料」**。製品・技術の準備段階、完成後、その後の改善に至るまで、様々な場面で **「報告書」** が重要な役割を果たします。報告書には、技術の実行可能性を調べて報告するものから、従来品との比較報告、製品化された技術の不具合の調査報告など、様々な内容のものがあります。

　Part I では、このように日々の業務で製品・技術を扱う際に必要になる基本的な文書を扱います。専門家だけではなく、様々な技術レベルの読み手を想定して作成する場合が多いビジネス技術文書の基本フォーマットから、各文書の特徴と作成のポイントを説明します。基本文書の数々を理解することで、業務を円滑かつ迅速に、そして正確に進めることができます。

Unit 1	メール	社内・社外との日々のコミュニケーション
Unit 2	議事録	会議の記録
Unit 3	製品説明	製品をカタログやホームページで説明
Unit 4	プレゼン資料	口頭で技術を発表
Unit 5	報告書	各種の報告

Unit 1

メール
Email

　社内・社外向けに日々のコミュニケーションで使用するメール（Email）。特に重要なのは**簡潔性**です。要件がどこにあるかをすばやく相手に提示し、求めるアクションが何かを伝えます。まずは**短く力強いメール**で**直接的に要件を伝える**ことを目指します。そのために、**メールの構成**（書き出し→本文→締めくくり）と**表現**を工夫します。

　また、メールは他の技術文書と異なり、宛先として指定した相手に読み手が限られます。多くの場合に1対1の対話となるため、読み手に対する配慮が必要になります。読み手との関係とメールの内容に応じて、**簡潔に要件を伝えつつ、相手への配慮**も表します。その際、書き手の気持ちを表す助動詞 can/will/could/would が活用できます。

　メールのもう1つの特徴は、書き言葉と話し言葉を組み合わせられることです。他の技術文書とは異なり、相手に話しかけるようなインフォーマルな表現も許容されます。

効果的なメールを書くために
- 短く力強いメールで要件を伝える。一方で、相手との関係や相手に対する要求の度合いに応じて「直接的」または「間接的」の度合いを調整する。
- フォーマットを整え、書き出し→本文→締めくくりの順で見栄えよく情報を並べる。
- はじめに要件を、終わりに相手に求めるアクションを配置。

メールのスタイル

❶件名

具体的な件名。最初の単語の頭（加えて必要な文字）だけを大文字に、または冠詞と前置詞を除く各単語の頭を大文字に

<u>Our visit to your company on Dec 15</u>

Dear Mr. Johnson,

Mr./Ms.［名字］、または相手との関係によっては Mr./Ms. を削除して下の名前のみ

略式なメールでは Dear Mr./Ms. ___, に変えて Hello Brian, のように「Hello（または Hi）［下の名前］,」も可

Dear で呼びかけるのが正式。コンマで区切る。コロン（:）も使用可（米国式）。
面識がなくて性別がわからない相手に送る場合には「Dear［姓名］,」が可能。
姓名がわからない場合や多数宛てに送る場合は To whom it may concern, や Dear all,

❷本文（書き出し1文＋内容＋締めくくり1文）

I am writing to confirm that we will be visiting your company on the 15th of the next month. Takashi Kimura (Director) and I plan to visit you at 1:00 p.m. on that day.

メールの要件または前のメールとのつながりを書く。一例として要件を I am writing to ... と書き出す

Our agenda is to discuss the efficacy of the new drug Majesty. We will show you the latest data. We hope to have a fruitful discussion with you.

1つの段落は1～3文程度で作成。空行で段落を分ける。
書き出し（メールの要件を書く）→詳しい説明→要求アクション（要件を繰り返す）と展開。
要件で開始し、要件で終えることで、忙しい読み手に要点を読み過ごされることを防ぐ。依頼や確認、主張、断り、感謝・謝罪などを的確に伝える（p. 8～12 参照）

締めくくりに要求アクションを1行程度

Please let us know if you have any changes on the date and time. Thank you.

「何のメールであったか」を最後にまとめる。相手に要求するアクションがある場合には「〜までに〜して」などと具体的に書く

Regards,

❸結び

Regards, / Best regards, / Sincerely, などから1つ決める。結びと署名の間には1行入れるスタイルがある（ビジネスレターの署名スペースに相応）。入れないスタイルもある

Atsushi Tanaka

❹署名

姓名または下の名前

Atsushi Tanaka
CEO, English Corporation
105 Jibu-cho, Fushimi-ku,
Kyoto, 123-4567, Japan
Tel: 075-123-4567 Fax: 075-123-5678
tanaka@english.co.jp
URL: http://www.englishxxx.co.jp

＋自動入力署名（姓名、役職名、部署名、組織名、住所、電話・ファックス、メールアドレス、URLなどより必要項目）

参考和文

12月5日の御社訪問の確認 （件名）

ジョンソン様

来月15日に予定しています御社ご訪問の確認をさせていただきます。
当日午後1時に私と弊社木村（部長）の2名が御社に伺います。
新薬 Majesty の薬効についての意見交換を予定しています。最新のデータをお持ちします。実りある議論となることを願っています。
日時に変更が生じる場合にはお知らせください。よろしくお願いいたします。

タナカ アツシ

ビジネスメールで使えるポジティブな形容詞

「今回の会議がよい機会となりますように」「実りある意見交換ができますように」といった具体的な内容を表す場合、または会議の後に「実りある会議でした」といった感想を述べる場合に使えるポジティブな形容詞をご紹介します。

実りある	fruitful	有益な	beneficial
活発な	lively	成功裏の	successful
生産的な	productive	参考になる	informative
献身的な	dedicated		

例：会議の前のメールに一言

I hope to have a <u>fruitful</u> discussion with you.
実りある議論ができますように。
I hope that the meeting would be <u>beneficial</u> to both of us.
両者にとって有益な会議となりますように。
We hope to have a <u>lively</u> and <u>successful</u> discussion.
活発で実りある議論ができますように。

例：会議の後のメールに一言

We had a <u>productive</u> discussion. Thank you.
生産的な議論をすることができました。ありがとう。
Your presentation was <u>informative</u>. Thank you.
参考になる（情報の詰まった）プレゼンをありがとうございました。
We appreciate your <u>dedicated</u> efforts on this project.
本プロジェクトに尽力してくれてありがとう。

Point 1 助動詞が表す「気持ち」のニュアンスを理解する

　動詞に助動詞を足すことで書き手の「気持ち」を調整できます。

①平叙文の助動詞

　　We <u>must</u> visit your factory.　（工場をぜひ見せてください）

　　We <u>will</u> visit your factory.　（工場を見に行きます）

　　We <u>should</u> visit your factory.　（工場を見に行きたいと思います）

　　We <u>can</u> visit your factory.　（工場を見に行くことができます）

　　We <u>may</u> visit your factory.　（工場を見に行かせていただく可能性があります）

　平叙文では must, will, should, can, may を使って確信の度合いを表すことができます。それぞれの強さとニュアンスの違いを理解することが、適切に「気持ち」を表現することに役立ちます。

確信

must	will	should	can	may

強い　　　　　　　　　　　　　　　　　　　**弱い**

②疑問文の助動詞

　　Will you reply to me by tomorrow?　（明日までに返事をください）

　　Can you reply to me by tomorrow?　（明日までに返事できますか）

　　Would you reply to me by tomorrow?　（明日までに返事をいただけますか）

　　Could you reply to me by tomorrow?　（明日までに返事ができそうですか）

　疑問文では主に 2 つの助動詞 can, will を使います。can は「能力」、will は「意思」をたずねます。それぞれの過去形は仮定の意味、つまり「状況が許せば〜してくれる・できる？」を表します。相手への配慮や丁寧さが表されます（助動詞の詳細は「助動詞の意味と各種文書での使用状況」p. 241 参照）。

Point 2 「依頼」は要求と読み手との関係に応じて、直接的か間接的かを選ぶ

　メールの用件で多いのは依頼です。依頼といえば please ＋動詞 が思い浮かぶでしょうが、他にも表現があります。例えば動詞 need/appreciate や would like to を使うことができます。like ＝「～したい」、need ＝「～を必要とする」、appreciate ＝「～に感謝する」といった動詞の違いを知ることも大切です。さらに助動詞 would を組み合わせることで、様々な要求レベルの「依頼」が可能です。直接的→間接的の順に例示します。

■カタログ X100 を送付していただけますか。

Please send us your catalog No. X100.　（送って下さい）

We would like to have your catalog No. X100.　（お送りいただきたいです）

I am writing to ask you to send your catalog No. X100.　（送付をお願いしたくメールを差し上げます［メールの書き出し文で］）

We would appreciate if you could send us your catalog No. X100 by the end of this month.　（今月末までにカタログをお送りいただけるとありがたいです［要求レベルが高い内容の場合には、丁寧度を増すことが可能]）

■明日までにお返事をいただけますか。

I need your reply by tomorrow.　（明日までに返事が要る）

I would need your reply by tomorrow.　（明日までに返事がほしい）

I would like to have your reply by tomorrow.　（明日までに返事をいただきたい）

I would appreciate your reply by tomorrow.　（明日までに返事をもらえるとありがたい）

　please ＋動詞は「～してください」と促す表現となります。

　would like to は「～したい」を表します。

　ask ＋人＋動詞で「人が～するよう依頼する」という意味になります。

　need（要する）と appreciate（感謝する）も使用できます。need と appreciate に助動詞の過去形 would を組み合わせることで、直接的に響くことを防ぎ、表現を和らげることができます。

Point 3 「確認する」は日本語を吟味して表現する

「確認」のためにメールを送ることは多いですが、「確認する」という日本語には複数の意味があります。具体的な内容を検討してから、それに合う英語を探しましょう。

make sure / be sure / ensure	【相手に促す】確実に〜してください
check	【尋ねる・調べる】〜かどうかを確認する
confirm	【念を押す・承認を得る】〜を承認する
clarify	【クリアにする】〜を明らかにする
review	【見直す】〜を精査する
examine/investigate	【調査する】〜を調べる

①**make sure / be sure / ensure　【相手に促す】確実に〜してください**

Make sure to _____ (動詞).

Make sure (that) _____ (主語と動詞).

＊Make sure の代わりに Be sure / Ensure も可。前に促す言葉 Please を入れてもよい。

例：When sending any data through email, make sure to password-protect the files.　（メールでデータを送る際には、必ずファイルにパスワードをかけてください）

＊password-protect で「〜にパスワードをかけて保護する」。

Please make sure you follow the instructions.　（必ず指示に従うようにしてください）

Be sure to cc everyone who may need this information.　（関係者すべてに CC してください）

＊cc「〜に CC する」。元は carbon copy の意味。動詞でも使える。

②**check　【尋ねる・調べる】〜かどうかを確認する**

Please check whether _____ (主語と動詞).

Check that _____ (主語と動詞).　（〜であることを調べる）

We would like to check whether _____ (主語と動詞).

例：Please check whether you have received the materials.　（資料を受

け取ったかどうかを確認してください)

We would like to check whether you have enough inventory. （在庫が十分にあるかどうか確認したいです）

Please check that the data is correct. （データが正しいことを確認してください）

③confirm 【念を押す・承認を得る】〜を承認する

Please confirm that ＿＿＿＿＿＿＿＿＿（主語と動詞）.

We would like to confirm that ＿＿＿＿＿＿＿＿＿（主語と動詞）.

例：Please confirm that you have received the materials. （資料を受け取ったことを確認してください）

We would like to confirm that the meeting will be held at 13:00 tomorrow. （明日 13 時の会議開催について再度お知らせをします）

④clarify 他 【クリアにする】〜を明らかにする

I would like to clarify ＿＿＿＿＿＿＿＿＿（名詞）.

Does this mean that ＿＿＿＿＿＿＿＿＿（主語と動詞）?

Is our (my) understanding correct?

例：We need to clarify the issue. （この問題を明らかにしなければならない）

⑤review 【見直す】〜を精査する

Please review ＿＿＿＿＿＿＿＿＿（名詞）.

例：Please review the meeting minutes and correct them if you find any mistakes.（議事録を確認して誤りがあれば訂正してください）

＊ review の意味は re ＝再び＋view ＝見る

⑥examine/investigate 【調査する】〜を調べる

I would like you to closely examine/investigate ＿＿＿＿＿＿＿＿＿（名詞）.

例：I would like you to closely examine customer feedback. （顧客の反応を吟味してください）

Point 4 「引き受ける・断る」の別を明示する

　メールでの依頼や要求に対して「引き受ける」または「断る」の意思表示をします。断る場合には「自分に能力・余裕がない」ことを助動詞 cannot やフレーズ be unable to（〜できない）を使って明示します。引き受ける場合には「喜んで行います」と表現します。なお、ありがちな誤りとして、断る場合の It is difficult.（難しい）があります。It is difficult but possible.（難しいけれどできる）と誤解される可能性があるので要注意です。

サンプルメール

Re：市場調査資料の作成協力の依頼　（件名）

ジョージへ

市場調査資料の作成に関するメールを受け取りました。

 断る　　 引き受ける

ご依頼の件ですが、現在新しいプロジェクトを抱えており、時間がとれそうになく、ご希望のスケジュールでお引き受けするのが今回は難しいです。申し訳ありません。

ご依頼の件につきまして、お引き受けできます。ご希望通り2週間ほどいただければお送りできるかと思います。よろしくお願いいたします。

ハヤシ ミカ

＊社内の同僚への協力依頼のメール。

Re : Request to create market survey materials

Dear George,

I have received your email regarding your request to create market survey materials.

断る	引き受ける
Unfortunately, I am unable to help you on this matter with the timeline you suggested. We have just started a new project, which has been taking up most of my time. I hope you will find somebody else to do that for you.	I am happy to help you on this matter. The materials will be ready in two weeks as requested.

Regards,

Mika Hayashi

便利表現

(1) 断る	(2) 引き受ける
I/We cannot _____. I am / We are unable to _____. (～できません) I'm afraid I cannot _____. Unfortunately, I am unable to _____. (残念ながら～できません) I'm sorry but I may not have enough time for _____ at the moment. I may have no time for this. Please accept my apologies. (残念ですが、～する時間が十分にありません)	I am happy to help you. / I would be happy to help you. I am pleased to help you. / I would be pleased to help you. I am glad to help you. / I would be glad to help you. (喜んでお引き受けします) I am happy to help you whenever I can. I am glad to help you whenever I can. (可能な範囲でお引き受けします)

Memo 英文メールの改善提案 3 つ

①名乗りや長い挨拶をやめて、要点から開始する

　I am Miyako Tanaka. のように書き出しで名乗らなくても、発信元が相手に表示されています。メールを送るということは相手の連絡先を知っているわけです。それなのに名乗らなければならない場面はまれですので、迷惑メールと思われてしまうこともあります。

　また、日本語メールの冒頭にありがちな「お世話になります」に相当する Thank you for your continuous support to us.（お世話になりありがとうございます）は避けます。また、冒頭に長い挨拶の言葉や I hope this email finds you well.（お元気であるとよいのですが）も必須ではありません。何か書きたいと感じる場合には、要点を述べたあとで、メールの最後に I hope you are well and healthy.（お元気でありますことを願っています）や We appreciate your efforts.（いつもご尽力くださりありがとうございます）などと書くとよいでしょう。

② 1 行ごとに改行せずに段落を作る

　日本語のメールは 1 文ごとに改行する習慣がありますが、英文メールは、段落、つまりパラグラフを作ります。段落の間には空行を挿入し、各段落は 1〜3 程度で構成します。短くてもよいので、話題ごとのまとまりとなる段落を作りましょう。

③丁寧すぎる表現を避ける

　「〜してもらえると助かる」を表す We would be grateful if you could ... のような丁寧すぎる表現はできるだけ避けましょう。昨今は受け取るメールの数が増え、個々の記述が簡略化される傾向があります（p. 35 参照）。仮主語 it や if を使った複文構造（主語と動詞が 2 セット）を減らして単文（主語と動詞が 1 セット）を心がけ、まずは端的に伝わる表現を選択しましょう。また、終わりに Thank you in advance.（先にありがとう）と事前に感謝する表現も控えましょう。単に Thank you. で十分です。

メールの作成練習

 練習1 依頼する

2月20日の電話会議の議事録案の確認のお願い　（件名）

スミス様

いつもお世話になっております。
添付の2月20日の電話会議の議事録案をご確認いただきたく、お願い
いたします。
適宜の加筆修正をいただき、3月5日までにお戻しください。
よろしくお願いいたします。

ナカヤマ ユミ

＊会議参加者に議事録の内容を確認する社内メール。

Review of Feb 20 Meeting Minutes ● ── 件名は具体的で短く

Dear Ms. Smith, ── 1行目から本題に入る。目的を直接的に伝える

I am writing to ask you to review the attached draft minutes of the conference call on Feb 20.

Please make any necessary changes and additions and return the final to me by Mar 5. Thanks. ● ── 最後に要求（いつまでに何をすべきか）をしっかり書く

Regards, ── Thanks. や Thank you. で締める。2行でも段落を作る。Thank you in advance. で事前に感謝しない

Yumi Nakayama ── 結びを決める。Best regards, や Sincerely, も可

解 説

● 「お世話になっています（Thank you for your continuous support to us. など）」は英語では不要。1 行目から本題に入る。

● 「電話会議の議事録案」は draft of the minutes of the conference call のように of ... of と続けず、一部をまとめて短く（⇒ draft minutes of the conference call）。

● 「確認する」は「読んで改善する」ことであれば review（調べる、内容を検討する）や check（チェックする）を使える（p. 9 参照）。read（読む）なども可。

● 日付（Mar 5）の書き方を決める。（p. 18 Memo「日付の書き方」参照）

● We would be grateful if you could return the final version to me by Mar 5 after making additions and changes to it as necessary. のような長文は避けて短くする。

● Please ... で動作を促す。「何」を「いつまで」にしてほしいかを、はっきり伝える。

> **Memo** 「～の～」を表す名詞の並びを短くする
>
> the <u>draft of the minutes</u> of the conference ⇒ the <u>draft minutes</u> of the conference
>
> A of B（B の A）は正しい表現ですが、文が長くなりがちで、名詞の冠詞・数の判断が多く必要となることが難点です。そんな時は the draft of the minutes ⇒ the draft minutes とまとめます。名詞を並べると、前の名詞が後ろの名詞を修飾する「形容詞」の働きをするので、draft minutes は「草案（draft）の議事録（minutes）」となります。この場合、名詞の数と冠詞の有無の判断を要するのは後ろの名詞 minutes のみとなります。
>
> なお、並べる名詞が 3 語を超えたり、3 語以内であっても関連性が低いものを並べたりすると読み手の負担が増えます。例えば the conference draft minutes（会議の議事録案）は conference と draft の関係がわかりにくくなっています。
>
> また、the minutes' draft of the conference や the conference's draft minutes のようにアポストロフィと所有格の s を使うことは控えます。アポストロフィと所有格の s は基本的に「人の所有物」を述べる際に使用します。

練習2 **主張する**

Re：UE-2022SU の見積りについて　（件名）

ミラー様

お世話になっております、XY-Corporation のシンドウです。
見積りをお送りいただき、ありがとうございました。
見積価格を検討させていただきましたが、ご提案の価格での注文は難しいという結論に至りました。
より競争力の高い価格の提示をお願いしたいのですが、例えば注文分量を増やす、などによって価格を下げていただくことは可能ではないでしょうか。
ご検討をいただけますと幸いです。
今月末までにお返事をいただきたく、お願い申し上げます。
お返事お待ちしています。

シンドウ タクミ

＊取引先との価格交渉。丁寧さが必要な一方で、要求が伝わることが重要。

Re: Quotation for UE-2022SU

返信メールで件名に自動で入る「Re:」は「返信 (reply)」またはラテン語由来の「〜に関して (regarding)」の意味

Dear Mr. Miller,

We have received your quotation for UE-2022SU.

過去のメールとのつながりを書く。
I'm Shindo from XY-Corporation. などの名乗りは不要。メールの送信元は表示される。「お世話になっています (Thank you for your support.)」も不要

Unfortunately, we are unable to accept the price you offered. Would you consider a more competitive price, possibly for a larger order?

断るには、申し訳なさを副詞で伝える＋自分の「能力のなさ (be unable to)」を伝える。Would you ...? は仮定を表し「ひょっとして〜してくれないか」と表す。相手へ配慮

We would appreciate your reply by the end of this month.

「〜までにお返事ください。」は依頼の内容に応じてランクを選ぶ。p. 8 参照

Best regards,

Takumi Shindo

Regards, や Sincerely, も可能。1 つに決める

解説

●現在完了形（have ＋過去分詞）は「過去から今の状況」を一度で表す。

●「できる・できない」を明示する。なお、It is difficult ... などと「難しい (difficult)」を使うと「できる・できない」が不明で誤解につながるため避ける。

●事実を簡潔に伝える。例えば After carefully considering the price you offered, we reached our conclusion that it is difficult to place an order at the price you offered. のように長く書くのは控える。

●相手に配慮しつつも、要求内容を明示する。例えば Is there any possibility that you could lower the price if, for example, we could place a larger order? は長いために伝わりにくい。Would you consider a more competitive price ___? と相手に配慮しながら簡潔に主張。

●末尾で We are looking forward to hearing from you soon. といった表現も控え、代わりに、いつまでに何の返事が欲しいかを書く。

●依頼の中でも強く主張することが必要な場合がある。価格交渉などで「もっと安価な提示を願う」場合、まずは伝わることを目指して、ストレートに要求を伝える。一方で、自分側の力のなさを伝えて、失礼に響かないよう配慮する。

Memo 日付の書き方

　誤解が生じない日付の書き方を確認しておきましょう。

　2022 年 12 月 10 日は、次のように表記します。
お薦め　　Dec 10, 2022（年月日、月をピリオドなしの省略形で書く）
正式　　　December 10, 2022　（年月日）
曜日が入る場合：Saturday, December 10, 2022（曜日と年月日）

　米国式では、日付は基本的に 12 月 10 日であれば日本語と同じ並びで December 10 と書きます。スペースの都合で月を略語にする場合には、Dec. 10（略語のピリオドあり）または Dec 10（略語のピリオドを省略）が可能です。年を入れる場合には、数字が 2 つ並ぶため、December 10, 2022 や Dec 10, 2022 と間にコンマを置いて見やすくします（米国式）。欧州の場合には、10 December 2022 や 10th Dec 2022 となります。

　米国式か欧州式かは、文書の読み手に応じて決めます。読み手がアジア圏の場合には、どちらの形式を使用している国かを調べます。また、読み手が定まらない場合には米国式で書きます。

　スラッシュを使う形式は、米国・欧州の違いで混乱が生じる可能性があります。
12/10/2022　米国式：2022 年 12 月 10 日、欧州式：2022 年 10 月 12 日
10/12/2022　米国式：2022 年 10 月 12 日、欧州式：2022 年 12 月 10 日

　誤解を避けるため、スラッシュを使う表記は避けるのが無難です。

✎ 練習3　断る

創業10周年記念式典のお知らせ　（件名）

グリーン様

この度は創業10周年を迎えられたとのこと、心よりお祝い申し上げます。
4月5日の記念式典へご招待いただき、誠にありがとうございます。
あいにくですが、当日は海外出張中のため出席がかないません。
不参加の失礼をお詫び申し上げます。
ご盛会を衷心よりお祈りいたしております。

コイケ ユキ

＊取引先との連絡。丁寧さと明快さが必要。

Re: Congratulations on Your 10th Anniversary Ceremony

具体的な件名

Dear Mr. Green,

Congratulations on the 10th anniversary of the foundation of your company.

先のメールとのつながりを簡潔に書く

Unfortunately, I am unable to attend the upcoming ceremony on April 5. I'll be away on a business trip abroad. Thank you for inviting me.

段落はじめで断り、理由は後に続ける。メールを途中までだけ読んでも要点が伝わるように構成する

I hope you will all enjoy the day. Thanks.

Sincerely,

結びのスタイルを決める。Sincerely, は最もフォーマル

Yuki Koike

19

解説

● できないことをはっきり伝える。能力のなさを表す be unable to や cannot が便利。

● 気持ちを表す副詞（Unfortunately, ...）を活用して文頭で「断る」旨を伝える。

● 祝意は簡潔に述べる。次のような表現は長いので控える。

    × We would like to convey our heartfelt congratulations to the 10th anniversary of the foundation of your company. Thank you very much for inviting me to the upcoming ceremony on April 5.

    × I wish you'll all have a wonderful ceremony from the bottom of my heart.

● 情報の配列を工夫して、途中で読むのをやめても要点が伝わるように書く。元の日本語が透けて見え、読み手が情報を苦労して探さなくてはいけない表現は控える。

    × Thank you for inviting me to the upcoming ceremony on April 5. But I'll be away on my business trip abroad, so unfortunately, I am unable to attend the ceremony.

Memo 「祝う」を表す celebrate と congratulate

動詞 celebrate（祝う）は We celebrate something together. のように「何かを誰かと一緒に祝う」場合に使う。We celebrate our company's anniversary. は「会社の記念日をみなで一緒に祝う」を意味するため正しいが、I celebrate your company's anniversary.（あなたの会社の記念日を私が祝う）は不適切。「私が一人でよその会社の記念日を祝う」という状況は考えられないため。一方、congratulate は「何かに対して誰かを祝う」ときに使う。I congratulate you on your promotion.（あなたの昇格を祝う）や I congratulate you on your anniversary.（あなたの記念日を祝う）は共に正しい。

Memo 「よろしく」「いつもありがとう」「適宜お願いします」「検討します」は具体的に

　日本語独特の表現で、英語になりにくいものがあります。日本語メールによく使う「よろしくお願いします」「いつもありがとうございます」「適宜お願いします」「検討します」を英語で表現したい場合には、その都度具体的に内容を書きましょう。

① 「よろしくお願いします」⇒削除、または具体的な謝意や社交辞令に置き換える

Thank you for having me in this project.

（このプロジェクトに関わらせてくれてありがとう。）

I am looking forward to meeting you soon.

（間もなくお会いできることを楽しみにしています。）

② 「いつもありがとうございます」⇒削除、または「efforts（努力）や time（時間）に感謝している」と書く

Thank you for your time and efforts.

（時間を割いてご尽力くださり、ありがとうございます。）

Thank you for your efforts.

（ご尽力くださりありがとうございます。）

③ 「適宜お願いします」⇒具体的な内容とともに as appropriate / as needed / as necessary で表現できる

Please make additions and changes as appropriate.

Please make additions and changes as needed.

Please make additions and changes as necessary.

（適宜加筆修正してください。）

④ 「検討します」⇒ consider（考える）で表せる

We will consider your quoted price and let you know if we could accept your offer.

（見積価格について検討してから、お受けできるかどうかを連絡します。）

練習4 感謝する

ソウル出張中のお礼　（件名）

キムさんへ

ソウル出張中は大変お世話になり、ありがとうございました。
仕事だけでなく、観光にも多くおつきあいくださり、大変楽しい時間を
過ごすことができました。
本当にありがとうございました。
今後ともよろしくお願いいたします。

ナカオ　タケシ

＊取引先への連絡。感謝の気持ちをしっかりと伝える。

Thanks for Your Hospitality in Seoul　●━━ 件名は具体的に。
　　　　　　　　　　　　　　　　　　　　Hospitality は「おもてなし」

Dear Mr. Kim,　●━━ 句読点を正しく。コンマを入れる

Thank you for your hospitality during our stay in Seoul.　●━━ 第1段落

　●━━ 感謝のメールはThank you for ... から。We appreciate your hospitality ... も可

You took us to many sightseeing spots after our business meetings.
We enjoyed the tour very much.　━━ 第2段落。複数文からなる段落を作る

　━━ 誰が何をしたかを具体的に。主語に You を使って、してもらったことを具体的に書く

This trip has also strengthened our business relationship. Thanks.　●

　　　　　　　　　　━━「今後ともよろしくお願いいたします。」　第3段落
Regards,　　　　　　　は状況に合わせたひと言に変える

　　　　　　　主語の工夫で Thank you for ..., I appreciate
　　　　　　　..., I really appreciate ... などの連続を避ける

Takeshi Nakao　━━ 1行空けるスタイルあり。ビジネス
　　　　　　　　　レターの手書き署名の空行に相応

解説

●ビジネスを円滑にするために、「感謝する」メールを適時に活用する。「～してくれてありがとう」より開始し、感謝する内容を具体的に書く。

●長い文は2文に分ける。

●メールの主語は「私」「あなた」そして「モノや事象」。感謝メールではThank you ... ばかりで始まったり、I really thank ... などとIとthankの組み合わせが続いたりしがち。上の3つの主語から自由に選ぶことで、単調になったり、くどくなったりすることを避ける。

●1行ずつ改行せず、段落を作る。今回は、1行目で第1段落、2行目と3行目で第2段落、また4行目とThanks.で第3段落を作っている。

●「おもてなし」= hospitality は kindness（親切さ）や help（助け）も可。

●Thanks to you, we could spend a good time.（あなたのおかげでよい時間を過ごすことができました）は could（できた）がわかりにくい。助動詞 could で表す「～できた」よりも We had a good time. Thank you. と言い切る。I had a good time. や We had a great time. も可。より具体的に You took us to many sightseeing spots after our business meetings. We enjoyed the tour.（本文）などと内容を明示することで、主語と動詞に変化を与えられる。

 練習5　お詫びする

RE：注文番号 1234　（件名）

ジョンソン様

ご注文の品の納品遅れについてのメールを拝受いたしました。
調査をいたしましたところ、製造工場で品質検査の遅れが生じたことにより、予定通りに納品することができなかったことがわかりました。
ご不便をおかけして申し訳ございませんでした。
今後、このようなことがないようにいたします。
3月15日までに御社にお納めできると存じます。商品到着まで、今しばらくお待ちください。

ナカノ ミチヒロ

＊顧客への連絡。お詫びの気持ちをしっかりと伝える。

Re: Delay for Your Order No. 1234

Dear Mr. Johnson,

前のメールとのつながりから書き出す

We have received your email about the delivery delay for your order No. 1234.

時制は現在完了または過去。日付を伴う場合は過去

Our investigation has revealed that the product was not delivered as scheduled due to a delay in the quality inspection at the factory.

別案：The product was not delivered to you as scheduled. This was due to a delay in the quality inspection at the factory.

The product will reach you by March 15.

1行空けて改行し、段落を作る。大切な情報を目立たせる

We are truly sorry. This will not happen again.

謝る

Regards,

Michihiro Nakano

解説

●謝罪するメールでは、事実を淡々と述べる。

●長い文は2文に分ける。

●謝罪の主語は「組織」のWeがよい。個人的な謝罪の場合を除いてWeを使う。

●「このようなことが再発することはありません」を助動詞willで表現する。This will not happen again. を This should not happen again. とすることも可能。will は「再発しないようにします」、should は「再発することはないと考えます」。

●ありがちな次の表現は避ける。

　×I will try not to cause this in the future.

　　＊個人的な書き方は不要。「今後は絶対起こらない」と記載したほうがよい。

　×I assume that the product can be delivered to you by March 15.

　　＊assume（根拠なく仮定する）は弱いので不可。

× Please wait until the arrival of the product.

　＊当たり前のことは書いても意味がないので控える。

Memo 副詞で意味を強めたり弱めたりしよう

　はっきり伝わる文を作成してから文に副詞を足すことで、ニュアンスを加えることができます。文頭や文中に加えます。

[文頭に足す]
Unfortunately, （残念なことに）
Fortunately, （よかったことに）
Honestly, （正直なところ）
Actually, （実際のところ）
Finally, （とうとう）
Certainly, （確かに）
Hopefully, （願わくば、上手くいけば）

[文中に足す]
absolutely （まったく）
possibly （もしかすると）
　例：Could you possibly offer another 10% discount?
　　　（さらに10%の値引きをお願いできないでしょうか）
terribly （非常に）
　例：We are terribly sorry.（本当に申し訳ありません）
truly （本当に）
　例：We truly appreciate your efforts.（ご尽力に心より感謝しております）

メールの表現集

❶件名 （問い合わせ、質問、依頼、他）

● 問い合わせ　<u>Inquiry about</u>　　　　（名詞）

　Inquiry about your product X10 （御社の製品 X10 についての問い合わせ）

● 質問　<u>Question about</u>　　　　（名詞）

　Question about the performance of your new cylinders （新シリンダの性能についての質問）

● 依頼　<u>Request for</u>　　　　（名詞）

　Request for price quotation （見積の依頼）

● お知らせ　<u>Notification of</u>　　　　（名詞）

　Notification of seminar in Osaka in June （6 月大阪開催セミナーのお知らせ）

● 情報の提供　<u>Information about</u>　　　　（名詞）

　Information about our new products （当社の新製品情報）

● 発表　<u>Announcement of</u>　　　　（名詞）

　Announcement of our new product UE100 （新製品 UE100 の発表）

● 手配　<u>Arrangement(s) for</u>　　　　（名詞）

　Arrangements for your stay in Tokyo （東京滞在の手配）

● 取り消し　<u>Cancellation of</u>　　　　（名詞）

　Cancellation of order No. X1000 （発注番号 X1000 の取り消し）

● 変更　<u>Change in</u>　　　　（名詞）

　Change in the quantity of XX for order No. X1000 （発注番号 X1000 の品名 XX の注文量の変更）

● 間違い　<u>Error in</u>　　　　（名詞）

　Error in Invoice No. XX （請求書番号 XX の誤り）

● コメント　<u>Comment(s) on</u>　　　　（名詞）

　Comments on your proposal （提案書へのコメント）

● 感謝　<u>Thank you for</u>　　　　（...ing または名詞）

　<u>Appreciation for</u>　　　　（名詞）

Thank you for your visit（訪問のお礼）
Thank you for visiting us（弊社への訪問のお礼）

● 謝罪　Apology for _____（名詞）
Apology for the delay（遅延のお詫び）

● お祝い　Congratulations on _____（名詞）
Congratulations on your 10th anniversary（10周年のお祝い）

❷書き出し

● これは〜するメールです
I am writing to _____（動作）.
I'm writing to _____（動作）.
This is to _____（動作）.

● お礼
We (I) would like to thank you for _____（...ing または名詞）.
Thank you for _____（...ing または名詞）.

● 謝罪
We are sorry for _____（...ing または名詞）.
Sorry for _____（...ing または名詞）.

● 〜を受け取りました
We/I have received your _____（名詞）.

● 〜の日付のメールを受け取りました
We/I received your email of _____（月）_____（日）.

● 〜の日付のメールに応答して、〜です・〜しています
In response to your email of _____（月）_____（日），
_____（主語と動詞）.

❸本文

[依頼する]

● 〜をお願いしたいです
We/I would ask you to _____（動作）.

●〜をいただきたいです

　　We would like to have ＿＿＿＿＿＿＿（名詞）.

　　We would need ＿＿＿＿＿＿＿（名詞）.

　　We would appreciate ＿＿＿＿＿＿＿（名詞）.

●〜してくれると大変助かります

　　We would appreciate if you could ＿＿＿＿＿＿＿（動作）.

●〜してください

　　Please ＿＿＿＿＿＿＿（動作）.

●〜していただけますか

　　Would you ＿＿＿＿＿＿＿（動作）?

　　Would you possibly ＿＿＿＿＿＿＿（動作）?

●〜できますか

　　Can you ＿＿＿＿＿＿＿（動作）?

　　Could you ＿＿＿＿＿＿＿（動作）?

[確認する]

●確実に〜してください

　　Please make sure to ＿＿＿＿＿＿＿（動作）.

　　Please be sure to ＿＿＿＿＿＿＿（動作）.

●〜を確認したい

　　I would like to clarify ＿＿＿＿＿＿＿（名詞）.

●〜ということですか

　　Does this mean that ＿＿＿＿＿＿＿（主語と動詞）?

●この理解であっていますか

　　Is our/my understanding correct?

●〜かどうかを確認してください

　　Please check whether ＿＿＿＿＿＿＿（主語と動詞）.

　　We would like to check whether ＿＿＿＿＿＿＿（主語と動詞）.

●〜はありますか

Do you have ＿＿＿＿＿＿＿＿（名詞）?

● ～を受け取ってもらえましたか
Have you received ＿＿＿＿＿＿＿＿（名詞）?

● ～かどうかを教えてもらえますか
Please tell me whether ＿＿＿＿＿＿＿（主語と動詞）.

● ～であることを確認（念押し）しておきます
I am writing to confirm that ＿＿＿＿＿＿＿＿（主語と動詞）.
This is to confirm that ＿＿＿＿＿＿＿＿（主語と動詞）.

［主張する］

● ～をお願いしなくてはなりません
We/I have no choice but to ask you to ＿＿＿＿＿＿＿（動作）.
We/I need to ask you to ＿＿＿＿＿＿＿（動作）.
We/I must ask you to ＿＿＿＿＿＿＿（動作）.
We/I would need to ask you to ＿＿＿＿＿＿＿（動作）.

● ～と確信しています
We are confident that ＿＿＿＿＿＿＿（主語と動詞）.
We are certain that ＿＿＿＿＿＿＿（主語と動詞）.

● ～が～すること強く要求します
We must insist that ＿＿＿＿＿＿＿（主語と動詞の原形）.
例「注文した品を予定通りに配達してもらわないと困ります」
We must insist that the items we ordered be delivered as scheduled.
（We must insist that S (+ should) + V　＊ should は通常省略）

［断る］

● ～することができません
We cannot ＿＿＿＿＿＿＿（動作）.
We are unable to ＿＿＿＿＿＿＿（動作）.
We will be unable to ＿＿＿＿＿＿＿（動作）.
No ＿＿＿＿＿＿＿（名詞）will be acceptable.
例:「これ以降の変更はできません」

No additional change will be acceptable.

＿＿＿＿＿＿＿＿（名詞）will be unacceptable.

例：「これ以降の変更はできません」

Additional change will be unacceptable.

● 残念ながら〜することができません

Unfortunately, we are unable to ＿＿＿＿＿＿＿（動作）.

I am afraid that we cannot ＿＿＿＿＿＿＿（動作）.

I am sorry to inform you that ＿＿＿＿＿＿＿（主語と動詞）.

［感謝する］

● 〜してくれてありがとう

Thank you for ＿＿＿＿＿＿＿（...ing または名詞）.

We/I would like to thank you for ＿＿＿＿＿＿＿（...ing または名詞）.

We/I appreciate your ＿＿＿＿＿＿＿（名詞）.

We/I must express our (my) gratitude to you for ＿＿＿＿＿＿＿（...ing または名詞）.

We (I) would like to express our (my) gratitude to you for ＿＿＿＿＿＿＿（...ing または名詞）.

● ご協力に感謝します

Thank you for your help.

Thank you for your assistance.

● 〜をいただきありがとうございました

We are pleased to receive ＿＿＿＿＿＿＿（名詞）.

［お詫びする］

● 〜してしまって申し訳ありません

Sorry for ＿＿＿＿＿＿＿（...ing または名詞）.

We are / I am sorry for ＿＿＿＿＿＿＿（...ing または名詞）.

We/I apologize for ＿＿＿＿＿＿＿（...ing または名詞）.

We/I seek your forgiveness for ＿＿＿＿＿＿＿（...ing または名詞）.

Please accept our apologies (my apology) for ＿＿＿＿＿＿＿（...ing または名詞）.

● ～しないで申し訳ありません

Sorry for not _____ (...ing).

We are /I am sorry for not _____ (...ing).

We/I apologize for not _____ (...ing).

We/I seek your forgiveness for not _____ (...ing).

Please accept our apologies (my apology) for not _____ (...ing).

◉ 心からお詫びします

Please accept our apologies.

◉ ご不便をおかけして、申し訳ございませんでした

We are sorry for the inconvenience.

We apologize for any inconvenience that may have caused you.

● 誤解が生じているようです

I'm afraid there has been some kind of misunderstanding.

● ～に間違いがあるようです

There seems to be an error in _____ (名詞).

● 計算にミスが起こりました

A mistake was made in the calculation.

● 場所と日付を確認すべきでした

I should have confirmed the place and date.

● 誤りに対してすぐに処理します

We will correct the error immediately.

● 本件に関して顧客サービス部がご連絡します

Our customer service department will contact you regarding this matter.

● 破損は輸送会社の責任だとわかりました

We have determined that the shipping company was responsible for the damage.

● 対応を誤ってしまったことを認めます

I admit my mishandling of the situation.

- 二度とこのような誤りが起こらないようにします

  The mistake will not occur again.

  We will do everything possible to ensure that this kind of mistake does not happen again.

- このようなことは再び起こらないと考えます

  This should not occur again.

［その他］

- 添付ファイルを見てください

  Please see the attached files.

- 添付ファイルで詳細をご覧ください

  Please refer to the attached files for details.

❹書き終わり・要求アクション

［返事が欲しい］

- 〜までに返事が欲しい

  We (would) need your replay to this matter by _____ (日付).

  We would appreciate your reply by _____ (日付).

- 早期に対応をお願いします

  We would appreciate your prompt attention to this matter. (期限を明示しない場合)

- 検討しておいてほしい

  We would appreciate your consideration.

［応答不要］

- すぐにご対応いただく内容はありません (応答が不要である旨を伝える)

  This requires no immediate action.

- 単なるお知らせでした (応答が不要である旨を伝える)

  This is just to keep you updated.

- 本メール内容がお役に立てるとよいです

  I hope this information will help.

I hope this helps.

● 本メールに興味をもっていただけるとよいです
I hope this interests you.

[こちらから連絡する]

● 再度ご連絡します
I will contact you again soon.

● 近々〜についてお知らせします
I will inform you of _____ (...ing 又は名詞) soon.

[その他]

● ご注文をいただけるのを待ちます
We look forward to receiving your order.

● これで進めていきましょう
Let's proceed with this.

❺結び

Regards,
Best regards,
Sincerely,
＊ Regards, Best regards, Sincerely, の順にフォーマル度が上がる。

❻自動入力署名

例１：姓名・役職名・組織名・電話とメールアドレス
Yukiko Nakayama, Senior Instructor　（姓名と役職名）
Your Company　（組織名）
Phone: 075-1234-5670　（電話）
yourmail@company.com　（メールアドレス）

例２：姓名・役職名・組織名・組織住所・電話・携帯電話・ファックス・メー
ルアドレス
Yukiko Nakayama　（姓名）

Senior Instructor, Your Company　（役職名、組織名）
123 Street St.　（住所）
City, 111-0022, Japan
Main: +81 75-1234-5670　（電話）
Mobile: +81 123-1234-5670　（携帯電話）
Fax: +81 123-1234-5680　（ファックス番号）
yourmail@company.com　（メールアドレス）
http://www.yourwebsitexxx.com　（URL）
https://www.twitter.com/englishcorpxxx（SNS などの必要情報）
＊電話の冒頭に配置する +81 の＋は国際電話識別番号、81 は日本の国番号。

Message to You

すばやく伝わり丁寧なビジネスメールのスタイル

メール簡略化時代の到来
——ぶしつけ過ぎず、婉曲すぎない伝わるメール

　スマートフォンと SNS の登場により、ビジネスメールも短くなる傾向が見られます。「伝える」ことを第一の目的として、まずは直接的に書きます。一方で、相手との関係や依頼する内容の要求レベルに応じて、間接的な表現へとぼかすか否か検討して調整します。

　英語にも「敬語」があり、相手への配慮を必要とするビジネスメールでその力を発揮します。例えば「もう少し価格は下がりませんか」といった交渉の際に「伝わりさえすればよい」と考えて短くすると、ぶしつけで失礼です。

×Give us a discount, please.
＊please をつけても丁寧ではありません。

×We want to have a discount.
＊want は「欲する」を表します。ビジネスの場での要求には不適です。

×We need a discount.
＊ want を need に変えるとビジネスの要求を表せることがありますが、ここでは直接的すぎて失礼に響きます。口頭表現であれば発話のトーンを和らげて言うこともできますが、メールではそれができません。

　これらが不適切なら「仮定法」と「受け身」で婉曲に表すとよいのではないかと思いつくかもしれませんが、適切ではありません。

△It would be appreciated if you could consider giving us a more
　competitive price.

　長くて読みづらく、要求が伝わりにくくなります。かつてのビジネスレター

の延長であった It would be appreciated if you could ... といった表現よりも、「伝える」「読んでもらえる」ために少しでも短くすることが大切です。

○We have no choice but to ask you for a more competitive price. Please understand the situation.
＊明確に伝えながら相手への配慮も加えます。

○Would you possibly consider a more competitive price?
＊相手へ配慮しながら可能性を尋ねます。

○Could you offer a more competitive price, possibly for a larger order?
＊表現を和らげつつ、具体的な交渉内容（例「大口注文に対して価格を下げてくれないか」）を加えれば、より有益な議論となります。

メールをどこまで崩すか
――話題が変われば元の正式なフォーマットに戻す

　仕事上の間柄で、どこまで崩したメール、つまり要件のみのメモのようなメールが許容されるか、という点も、短いメールが一般的になった時代の悩みのひとつです。例えば社内のコミュニケーションであれば、要件のみのメールを送ることが可能です。社外の仕事の相手に対する場合であっても、例えば何度もやりとりをする中でフォーマットが崩れ、次ページのようなスタイルになることがあるかもしれません。そのような場合には、崩したフォーマットを続けるのではなく、メールの話題が変わるときに正式なフォーマットへと戻します。つまり、速度を優先した短いメールを必要に応じて使ったのち、話題が変わった時点で、新たに Dear ... から開始します。

　ビジネスメールのフォーマットを守りながら、状況に応じて短く作成して要求に応えるメールが、今の時代のビジネスコミュニケーションに適しています。使いやすく、自分らしく、相手が誰であっても失礼にあたらないスタイルを確立するとよいでしょう。

Hello George,

This is another proofreading request. Thanks.

Yumi

↓返信

Hi Yumi, when is the deadline?

George

↓返信

Hello George, I need it back by next week Monday（November 7）.

Yumi

↓次の話題のメール

Dear Yumi,

Please find the attached invoice for the contract we put in place yesterday. I am pleased to be working with you for another year.

Regards,

George

Unit 2

議事録
Meeting Minutes

　会議や打ち合わせの内容、経過、決定事項を記録する「議事録」（Meeting minutes）。会議後に速やかに作成・共有し、会議の欠席者も含めた関係者と情報を確認し合い、記録に残します。記録することで、関係者の業務履行義務を確認することができます。会議の名称と日時、場所、参加者と欠席者といった**基本情報から、会議の議題や目的、決定事項、今後のアクションを記録します。**決定事項に至った過程も記載します。

　必要な情報を過不足なく含めること、簡潔な英語で書くことが大切です。また、発言を書き言葉に変えて記録します。議事録の雛形は様々です。求められる詳細の度合いに応じて作成します。

議事録の作成で悩まないために

●基本情報（会議の名称・日時・場所・参加者と欠席者）→会議の議題・目的
　→会議の経過と決定事項→アクションを書く。

●報告内容を過不足なく簡潔にまとめる。

●英語表現の悩みは次のように解決する。

　☑報告内容は「〜した」と過去形で列挙。

　☑予定や目的は To ...（〜すること）と書き出せる。

　☑箇条書きする場合に、完全な文章で書くか短縮するかを選択。短縮する場合には、①主語を省いて動詞の過去形で開始。be 動詞は省く。②主語から開始し、be 動詞のみを省く。主語の冠詞は省略可。③全体を名詞形とする。なお、完全な文にはピリオドを付し、短縮形ではピリオドの有無を選択。

　☑特定の用語（例：adjourn ＝ 休会する、second/approve ＝ 支持・賛成する）に慣れておく。

議事録のスタイル

ABC Corporation
Regular Board Meeting Minutes

❶会議の名称・種類

Date and time: April 20, 2022, 11:00 am to 1:00 pm（JST）
Location: ABC Corporation, Conference room A

> 日時と開催場所。JST は
> Japan Standard Time
> （日本時間）

Members present: ❷出席者（姓名と役職名）
Toru Tanaka, Facilitator
Miki Yamamoto, Secretary
Koji Naito, Board Member
Minoru Kimura, Board Member
Yumi Nakano, Board Member
John Smith, Executive Director

> 敬称 Mr. Ms. は省略。フル
> ネーム＋コンマ（または丸括
> 弧）、役職名

> 社外の参加者の場合には組織名も記載。部署名や役職名
> は組織によって様々。正式名称を確認して使う

Members not present:
James Taylor, Marketing Manager

> 欠席者の姓名と役職名
> 欠席者なしの場合は None または N/A

Approval of Minutes 過去の議事録の承認

Motion: To approve minutes from March 10, 2022 meeting

> 動議：2022 年 3 月 10 日の会議の議事録の承認

> 正式な会議での議題の確認と承認

基本情報

Vote: Unanimous approval 〔採決：全会一致で承認〕

Resolved: The minutes of the meeting are approved and entered into the records.

〔決議：議事録は承認され、記録された〕

Agenda:

❸議題・会議の目的

Motion: <u>To discuss the budget and the projects for 2022</u>

〔To ＋ 動詞の原形ではじめる、または ...ing ではじめる。会議の資料から事前に転記しておく。Motion = 動議、つまり議題〕

Reports: ❹経過・報告事項・議決事項・未決事項

〔会議中はここのメモに徹する。完全文でなく短縮して書くことが可能〕

New business 〔新規事項〕 〔必要に応じた見出しを入れる〕

- Marketing plan for our vehicle alert system using artificial intelligence (AI): Postponed for next meeting because James Taylor was absent.

Unfinished business 〔未解決事項〕

- N/A 〔該当しない項目には None や N/A と記載〕

Decisions made 〔議決事項〕

- Postponed for next meeting.

Issues raised 〔問題〕

Addition to the Agenda

- Yumi Nakano made a motion that prepaid maintenance services for specific products (series 100, 200, and 300) be discussed.

Outcome 結果

- John Smith dismissed the motion and proposed adding it to next month's meeting instead.
- Koji Naito seconded that motion.

> dismiss＝「～を否決する」
> second＝「～を支持する」

> 本文は主語を省いて動詞で開始可。be 動詞は省略可。または完全な文にしてもよい（p. 50 参照）。完全な文にしないときはピリオドなし可。ピリオドの有無は統一

Open issues and actions 未決事項と対応

Action items: ❺アクションと今後の予定　箇条書きまたは完全文

- The motion was added to the agenda for next meeting.

> 会議で決まったアクション

Agenda for Next Meeting
- Marketing plan for vehicle alert system using AI
- Prepaid maintenance service for series 100, 200, and 300

今後の予定

> 閉会（正式な議事録で）

Schedule: Next meeting will be held on May 9 2022.
Meeting adjourned at 1:00 p.m.

> 会議の終了＝休会（adjourn＝休会する）を表す

> Adjournment（閉会）という項目を立ててもよい。略式な議事録では省くこともある

> スペースの都合で冒頭の冠詞 The を省略可。例：Next meeting will be held ... . は The next meeting will be held ... . からの省略

Minutes taken by: Miki Yamamoto 議事録記録者の姓名

Approved by: John Smith 承認者の姓名

参考和文

①取締役会議（Regular board meeting）

- 2022 年 4 月 20 日（11 時〜13 時）。場所：ABC 株式会社の会議室 A 定例（regular）の取締役会議。
- 出席者はタナカトオル（進行役）、ヤマモトミキ（秘書、議事録記録者）、ナイトウコウジ（取締役）、キムラミノル（取締役）、ナカノユミ（取締役）、ジョン・スミス（常務取締役、議事録の承認）。欠席者はジェームズ・テイラー（マーケティングマネージャー）。
- 2022 年 3 月 10 日に実施した会議の議事録は、配布通りに満場一致で承認。
- 2022 年度確定予算の配布、各事項の確認と予算の承認。
- 新規事業は AI を使った車両警報システム。ジェームズ・テイラーが会議欠席のため、議論は次回の会議に持ち越し。
- ナカノユミが特定製品（製品シリーズ 100, 200, 300）のプリペイドメンテナンスサービスについて議題を提議するが、ジョン・スミスにより却下と次回会議への持ち越し提案。ナイトウコウジによる賛同、次回の議題への追加。次回の会議の議題は「AI 車両警報システムマーケティング企画」と「製品有料メインテナンスサービス」。
- 次回の会議は 2022 年 5 月 9 日。
- ヤマモトミキ記録。ジョン・スミス承認。

MEETING MINUTES　❶会議の名称、会議の種類

Meeting Name:	Client meeting (special)		
Date of Meeting:	March 1, 2022　開催日	Time:	1 pm to 2 pm　開催時間
Minutes Taken By:　議事録の記載者	Manabu Fujita	Location:　開催場所	Seminar room at Company Y, Osaka Office

1. Meeting Objective ❷会議の目的

- To plan for joint development of the new home-use projector
- To set the schedule for development and patent filing

2. Attendees ❸出席者（姓名と役職名）　所属や役職名　必要に応じて連絡先も記載

Name　出席者名	Department/ Division/Title	Email　メールアドレス	Phone　電話番号
Atsushi Mizuno	Sales Department, Company Y	mizuno@company-y.co.jp	090-123-4567
Ayumi Yamamoto	Development Department, Company Y	yamamoto@company-y.co.jp	090-234-5679
Manabu Fujita	IP Department, Company Y	fujita@company-y.co.jp	090-456-7891
Mr. Kim Lee	Sales Department, Company Z	lee@company-z.co.jp	090-567-8912
Mr. Young Hee	Development Department, Company Z	hee@company-z.co.jp	090-678-9124

3. Agenda and Notes, Decisions, Issues

❹議題・経過・報告事項・議決事項・未決事項

Topic 議題・メモ・決定事項・話題など	Responsibilities 責任の所在（担当者・担当部門）	Time
Prototyping to be complete in May 2022 and to be tested in May-July 2022	Mr. Young Hee, Company Z （議題の実施時間を記入）	May-July 2022
For patent co-filing, prior art search to be complete by Dec 2022, and patents to be filed by February 2023	Manabu Fujita, IP Department, Company Y	February 2023
Define users and analyze user needs	Atsushi Mizuno, Sales Department, Company Y	January 13, 2023

4. Action Items ❺アクション と今後の予定

Action アクション	Responsibilities 責任の所在（担当者・担当部門）	Due Date 期日
User analysis (define users and analyze their needs)	Atsushi Mizuno, Sales Department, Company Y	August 19, 2022
Prototyping	Mr. Young Hee, Company Z	May 2022
Testing prototypes (to start in May 2022)	Mr. Young Hee, Company Z	May-July 2022
Prior art search	Manabu Fujita, IP Department, Company Y	Dec 2022
Patent filing	Manabu Fujita, IP Department, Company Y	February 2023

5. Next Meeting (if applicable) 次の会合（予定があれば記入）

Date:	April 4, 2022 開催日	Time:	1 pm to 2 pm	Location: 電話会議	Conference Call
Objective: 目的		Discuss user needs and any potential barriers regarding our home projector project			

参考和文
②顧客打ち合わせ（Client meeting, special）

- 2022 年 3 月 1 日（13 時〜14 時）。開催場所は Y 社大阪オフィスのセミナー室。特別会議（special）。
- 参加者はミズノアツシ（Y 社、営業部）、ヤマモトアユミ（Y 社、開発部）、フジタマナブ（Y 社、知的財産部：議事録記録）、キム・リー（顧客 Z 社、営業部）、ヤン・ヒー（顧客 Z 社、開発部）。
- 新製品、家庭用プロジェクタの共同開発について。
- 試作品の完成時期 2022 年 5 月、試験 2022 年 5 月から 7 月（Z 社、ヤン・ヒー）。
- 特許の共同出願を検討、2022 年中に先行特許の調査、2023 年 2 月までに出願を目指す（Y 社、フジタマナブ）。
- 想定ユーザーの決定とニーズの分析。2022 年 8 月 19 日までに結果を報告（ミズノアツシ）。
- 次回は 2022 年 4 月 4 日、13 時〜14 時、電話会議を予定。次回の議題は「ユーザーニーズと本プロジェクトにおける潜在的課題について」。

Point 1 議事録作成の手順

　会議の議事録の作成（to take meeting minutes）を依頼された場合、次のステップにしたがって準備しましょう。議事録を作成した後にメールで関係者に配布する場合の方法も知っておくとよいでしょう。

ステップ1　会議前の準備

- 議題（agenda）の事前配布があれば、それを元にアウトラインを事前に作成する。参加予定者（社内・社外）の姓名・役職名も入手し、固有名詞にスペルミスがないように準備する。
- 参考資料があれば、議事録と一緒に保管できるように（また、不参加者や関係者へ配布できるように）準備する。
- どの程度詳細に議事録を記録するべきかについて、依頼者に確認しておく。

ステップ2　会議中にメモを取る

- 適切なツール（例：手書きメモ、アプリケーションソフト、PC上でのMSワード）を使って会議中にメモを取る。決定事項と期限の日付、責任者がわかるようにメモを取る。客観的な報告に徹する。

ステップ3　議事録の執筆

- 会議終了後、決定事項、経過、今後の予定の記録を速やかにまとめる。
- 客観的に記載。個人的解釈を避け、事実に基づき記載する。
- 参考資料は参照先の情報を記載するか付録（appendix）として添付する。

ステップ4　議事録の承認と送付

- 議事録が完成したら、必要箇所（議長など）の承認を得る。加筆修正の指示に従う。必要な相手（通常は会議の参加者・不参加者および指定された関係者）と議事録を共有する。メール送付、ファイルシステムでの共有、クラウドでの共有などの共有方法を事前に確認して準備しておく。

Nov 15 sales meeting minutes (11 月 15 日の営業会議議事録)

簡潔な件名

Dear **all**, 会議参加者宛に all とする

Thank you for the sales meeting today. Please find the minutes of the meeting attached and check them to see if I have missed any information or made any mistakes. If you find anything, please let me know.

議事録に遺漏や誤りがないか確認を促す

Also, see the action items at the bottom of the minutes. Please be sure not to miss any deadlines.

Regards,
Miho Sugita

（本日の営業会議にご出席いただきありがとうございました。議事録を添付しますので、遺漏や誤りがないか確認をしてください。何かあればご連絡をください。議事録の末尾に実施項目を記載しています。それぞれの期限を守るようにお願いします。スギタミホ）

ステップ5 **議事録の保管**

●完成した議事録を適所に保管する。ネット上や別の適所に保管場所が定められる場合もあれば、印刷した書類をファイルに保管する場合もある。また、次回の会議の冒頭で議事録を承認する（修正があればあわせて行う）ことが多い。修正があれば、修正版を保管する。

Memo 議事録を表す英語 meeting minutes のミニッツとは？

　議事録のことを英語では meeting minutes や minutes of a meeting と呼びます。別名には meeting notes（会議のメモ）があります。議事録をとることは、take meeting minutes や take meeting notes と表現します。

　meeting minutes の読み方は「ミーティングミニッツ」です。元の意味は「会議のラフドラフト」です。「ミニッツ」の単数形 minute は「小さな」を意味する形容詞としても用いられます（その場合は「マイニュート」と発音）。その語源であるラテン語 minuta は small という意味で、minuta scriptura（＝ small notes）という言い方があります。そこで、minutes は small notes、つまり「軽いメモ」を意味します。

　meeting minutes は複数形ですので、主語になるときは The meeting minutes are ... のように複数形として扱い、代名詞は they や them で受けます。例えば次のように使います。

I was asked to take meeting minutes. I will send **them** to all the attendees, members not present, and others involved one day after the meeting.

（議事録の記録をすることになりました。会議の次の日に、参加者・不参加者と関係者に議事録を送付します。）

Point 2 英文を短縮する方法

　議事録では、本文をメモのように簡潔に書くことや、箇条書きを使って短く書くことがあります。主に 4 つの方法で行います。

　英文を短縮するときの考え方は「重要でない単語」を省くことです。この方法は、議事録に加えて、プレゼンテーションのスライド資料など、スペースに限りがある他の状況でも使えます（p. 106 参照）。

①主語を省略して動詞（過去形・現在形）ではじめる

Discussed potential issues regarding the new payment system.

（新支払いシステムの問題点を議論した。）

> We を省略して動詞から開始。省略前の文：We discussed potential issues regarding the new payment system.

Need to overcome the cost problem for our new HK series.

（新商品 HK シリーズのコスト問題を解決しなければならない。）

> We need to ... の主語 We を省略して動詞（現在形）ではじめる。

②これから起こることを To + 動詞で明示する

To overcome the cost problem for our new HK series.

（新商品 HK シリーズのコスト問題を解決しなければならない。）

> We need to overcome the cost problem for our new HK series. の短縮。

③ be 動詞を省く

Meeting adjourned at 6:10 pm.

（会議は午後 6 時 10 分に休会した。）

> The meeting was adjourned at 6:10 pm. の短縮。ピリオドの有無は選択可（短縮しない場合にはピリオド必要）。

Approval of Minutes:

Minutes of January 31, 2022 approved with no additions or corrections

（議事録の承認：2022 年 1 月 31 日の会議議事録は加筆修正なしに承認された。）

> The minutes of January 31, 2022 were approved with no additions or corrections. の短縮。ピリオドの有無は選択可（短縮しない場合にはピリオド必要）。

Resignation of Secretary position of Planning Commission by John Lewis due to medical reasons.

・Resignation accepted

（企画委員会秘書 John Lewis の健康上の理由による辞任は承認された。）

His resignation was accepted. の短縮。ピリオドの有無は選択可（短縮しない場合にはピリオドが必要）。

④冒頭の冠詞 the を省く

Manager approved the plan.

Manager の冠詞 the を省略。省略前の文：The manager approved the plan.

Memo 箇条書きの記号と句読点

箇条書きの各項目には見やすい黒点（bullet points）または数字を入れます。

・	(1)	1.
・	(2)	2.
・	(3)	3.

コロン（:）

箇条書きの前には、詳細が続くことを示すコロン（:）を置くことが可能です。

ピリオド（.）

箇条書きの各項目の終わりにはピリオド（.）を入れても入れなくても可です。ピリオドは「文を終える」ものなので、箇条書きを完全文で記載した場合には基本的にピリオドを入れます。文をメモのように省略した場合でもピリオドを使うことが可能です。ピリオドの有無は一貫性をもたせることが重要です。

Issues:

1. To overcome the cost problem for our new HK series.
2. To prepare for potential risks in the new market.

Point 3 議事録に特有の動詞

正式な動詞「承認する」「棄却する」「支持する」「休会する」他

● 会議の開会を宣言する：call the meeting to order
会議が開始された。
The meeting was called to order.

● 〜を承認する：approve, pass
議題は配布の通りに満場一致にて承認された。
The agenda was unanimously approved as distributed.
または The agenda was unanimously passed as distributed.

● 〜を支持する：second
変更予算を認める動議は支持された。
The motion to accept the revised budget was seconded.

● （動議を）通過させる：carry
動議は満場一致で承認された。
The motion was carried unanimously.

● 〜を否認する：reject, dismiss
動議は否認された。
The motion was rejected. または The motion was dismissed.

● 〜を休会・延会する（くり返し行われる会議で使用）：adjourn
5時に閉会した。
The meeting was adjourned at 5:00 p.m.

会議での発言を報告する動詞

● note（〜と言う、〜に注意喚起する）、ask（〜を要請する）
部長は過去3回の会議が予定の2時間を超えたことについて注意喚起し、より集中して議論するよう要請した。
The manager noted that the past three meetings ran over the intended two hours. He asked members to be more focused during discussions.

● suggest（〜を提案する）、agree（〜に同意する）
部長は時間管理を強化するよう議長に提案し、議長は同意した。

The manager suggested that the chair should manage time more precisely. The chair agreed.

● insist, assert（〜を主張する）

営業主任は当社のブランド名で販売すればより広い顧客層に届くと主張した。

The sales chief insisted that the products sold under our brand names will appeal to a broader range of consumers.

営業部長は、当社のブランド名を使用するサプライヤーには定期的な品質管理の厳守を求めるべきとした。

The sales manager asserted that all suppliers who label their products with our brand names must comply with strict regular quality controls.

● remind（〜への注意を喚起する）、present（〜を提示する）、provide（〜を提示する）、notify（〜を通知する）

秘書は取締役会で来月予定している新規プロジェクトと役員レビュー用のスケジュール案について告知した。プロジェクトの実行結果は、次回の取締役会で役員に通知する。

The secretary reminded the board of the new project scheduled next month and presented its draft schedule for board review. Board members will be notified of the outcome of the new project in the next board meeting.

　　＊ notify（通知する）の使い方は、notify＋人＋of＋通知する内容。

　　＊ present（〜を提示する）に代えて provide も可能。

● announce（〜を通知する）

主査により、新しい秘書を雇用したとの連絡があった。

The project general manager announced that he had recently hired a new secretary.

● review（〜をざっと説明する、確認する）

営業部長は、貸借対照表の要点と傾向、問題点を報告した。

The sales manager reviewed highlights, trends, and issues from the balance sheet.

　　＊ reviewed で「確認する、報告する」を表せる。

会計年度は fiscal year (FY)（financial year とも言う）、四半期は quarter (Q) です。例えば 2022 年度 FY2022 は、4 つの quarters の Q1, Q2, Q3, Q4 からなります。4 月から会計年度がはじまる会社の場合、例えば次の表記となります。

FY2022: April 1, 2022 through March 31, 2023
（2022 年度 2022 年 4 月 1 日〜2023 年 3 月 31 日）

Q1 FY2022: April 1, 2022 to June 30, 2022
（2022 年度第 1 四半期：2022 年 4 月 1 日〜6 月 30 日）

Q2 FY2022: July 1, 2022 to September 30, 2022
（2022 年度第 2 四半期：2022 年 7 月 1 日〜9 月 30 日）

Q3 FY2022: October 1, 2022 to December 31, 2022
（2022 年度第 3 四半期：2022 年 10 月 1 日〜12 月 31 日）

Q4 FY2022: January 1, 2023 to March 31, 2023
（2022 年度第 4 四半期：2023 年 1 月 1 日〜3 月 31 日）

議事録の作成練習

　営業会議（Sales Meeting）の議事録の英訳を練習しましょう。議事録のフォーマットは様々です。完全な文を主に使って記載するものから、箇条書きを含める例、表に記入する例などがあります。今回の練習には p. 40 の議事録サンプル①の形式を使います。

練習　営業会議（Sales Meeting）

- 2022 年 10 月 12 日（13 時～14 時）開催。開催場所は X 社、渋谷オフィスの会議室 A。
- 議長はキムラユミコ（営業部）、参加者はジェイソン・ミラー（営業部長）、ケビン・ジェイコブ（営業担当）、タキノコウジ（営業担当）、カワノリサ（営業担当・議事録記録者）、ササキミカ（秘書）、欠席者なし。

(1) 直近の四半期の売り上げ実績について報告（ジェイソン・ミラーが報告）。

- 主な報告として、第 2 四半期（Q2）の売り上げは 650 万ドル。予定の 120%、昨年比 130%。米国で 200 万ドルの大型取引あり。ブラジルの新規販売代理店が有望。
- その他：新規顧客向けの新しい支払いポリシーの制定が必要（ジェイソン・ミラーが担当、期限 10 月 31 日）。

(2) 次の四半期の目標（ジェイソン・ミラーが報告）。1,050 万ドルの売り上げを目指す。昨年比 50%増。年初から好調のため可能となる見込み。

(3) 地域別の予定。

- 米国は卸売が弱く、新しい業者の選定が必要（ケビン・ジェイコブが担当、期限 11 月 30 日）。米国販売チームと議論するために 12 月にオンライン会議の予定（会議の設定をササキミカが担当、期限 11 月 15 日）。
- 欧州：特になし。現状維持。
- アジア：韓国で、現拠点と今後の協業者とで詳細な市場調査を行う（カワノリサが担当、期限 12 月 15 日）。

Minutes of Sales Meeting Oct 12, 2022
Start: 1:00 pm - End: 2:00 pm

> pm/am, PM/AM, p.m. /a.m. いずれも可

Chair: Yumiko Kimura (Sales Dept.)

Present: Jason Miller (Sales Manager), Kevin Jacob (Sales Dept.), Koji Takino (Sales Dept.), Lisa Kawano (Sales Dept.), Mika Sasaki (Secretary)

Absent: N/A

> なしは N/A や None と書く

Location: Company X, Shibuya Office, Conference Room A

Minutes taker: Lisa Kawano

Topics

1. Last quarter sales results (presented by Jason Miller)

Highlights:

- $6.5 million in Q2, 120% of anticipated and 130% of last year's volumes
- A large deal of $2 million in the US
- A promising new distributor in Brazil

Others:

- Need to set a new payment policy for new customers (Jason Miller, Oct 31)

2. Targets for the next quarter (presented by Jason Miller)

We aim to achieve $10.5 million. That is 50% more than the last year's sales figure, but seems reasonable considering the year-to-date results.

> year-to-date = 年初から今まで

3. Regional plans

the United States

- Experiencing difficulties in the wholesale channel. Need to explore possibilities for additional wholesale partners in the US. (Kevin Jacob, Nov 30)
- To have discussion with the US sales team in Dec. Need to set an

online meeting. (Mika Sasaki, Nov 15)

Europe
● No specific action required. Continue with the current plan.

Asia
● Need detailed market analysis with current players and possible partners in South Korea. (Lisa Kawano, Dec 15)

Actions Items ●─┤ アクションを責任者・締め切りと共に明示する ├

Items	Responsibilities	Due
Set up new payment policy for new customers	Jason Miller	Oct 31
Set an online meeting for discussion with the US team	Mika Sasaki	Nov 15
Explore possibilities for additional wholesale partners in the US	Kevin Jacob	Nov 30
Prepare detailed market analysis with current players and possible partners in South Korea	Lisa Kawano	Dec 15

略語を知った上で使用を控える——NA は使用可、
TBD は具体化、ASAP と FYI は使わない

　略語は意味を理解した上で、技術文書で使用するかどうかを決めることが大切です。以下に議事録やメールで見かけることがある略語を取りあげ、使用の可否を提案します。

略語	フルスペル	意味	技術文書での使用の可否
NA	Not Applicable	該当なし	○
TBD	To Be Decided（または To Be Determined）	未定	△
FYI	For Your Information	参考用	×
ASAP	As Soon As Possible	できるだけ早く	×

　NA は Not Applicable（該当なし）を表します。議事録では、「欠席者：なし」といった場面で使います。

　TBD と略語で書くよりも、To be decided by ＿＿＿（期日）. のように具体的に書きましょう。

　FYI は日常会話で便利ですが、正式な文書では不適です。

　ASAP も使用不可です。具体的な期日を書きましょう。

議事録の表現集

❶会議の名称・種類

　会議の種類を記載する場合には、Sales meeting (special) のように丸括弧内に入れる。または Type of meeting（会議の種類）という項目を設けて、Special などと書く。

[名称]

営業会議	Sales meeting
プランニング会議	Planning meeting
プロジェクト会議	Project meeting
取締役会議	Board meeting
顧客打ち合わせ	Client meeting

[種類]

特別会議	special
定例会議	regular
月例会議	monthly
週例会議	weekly

❷出席者の役職名の例

議長	Chair
進行役	Facilitator
秘書	Secretary
取締役員	Board Member

最高経営責任者	Chief Executive Officer または CEO
最高業務執行責任者	Chief Operating Officer または COO
社長	President
代表取締役	Managing Director
取締役会長	Chairperson of the Board や Chair of the Board
常勤取締役、執行役員、常任理事	Managing Director や Executive Director
副社長	Executive Vice President や Senior Vice President

部長	Manager や Director や Head of Department
本部長	General Manager
営業部長	Sales Manager や Sales Department Manager
総務部長	Administrative Manager や Head of General Affairs
課長	Section Manager や Section Head
支店長	Branch Manager
係長	Section Head や Unit Head
主任	Supervisor
主査	Project General Manager
副部長	Assistant Manager
次長	Deputy General Manager
営業担当	Salesperson

❸議題・会議の目的

● 8月の各部門の売上目標の共有

To share the sales target of each department in August または

Sharing the sales target of each department in August

● コスト削減施策について議論すること

To discuss cost reduction measures または

Discussing cost reduction measures

● 2023 年 4 月に始動する業績に基づく新支払いシステムについて話し合うこと

To discuss the new performance-based payment system to be put into operation in April 2023

● 家庭用プロジェクタの共同開発計画

To plan for joint development of the home-use projector

❹経過・報告事項・議決事項・未決事項と対応・今後

本文は主語を省いて動詞で開始可。be 動詞を省略可。完全な文章にしてもよい（p. 50 参照）。

[経過・報告事項・議決事項]

● 業績評価の基準について話し合った。

Discussed criteria for rating performance　　＊主語を省略

Criteria for rating performance discussed　　＊be 動詞を省略

Criteria for rating performance were discussed.　＊省略しない完全文

● 3 つの問題が提示された。

Chair presented three issues for discussion.　＊主語（Chair）を入れた完全文

Three issues presented for discussion　　＊be 動詞を省略

Three issues were presented for discussion.　＊省略しない完全文

● 新システムの問題点があげられた。

Raised potential problems in the new system　　＊主語を省略

Potential problems in the new system raised　　＊be 動詞を省略

Potential problems in the new system were raised.　＊省略しない完全文

● 必要な申請書類を提出するよう、ABC 社を訪問予定のスタッフにメールした。

Emailed all members who will visit ABC company to submit required forms.

● グループ A の今月の売上目標は 300 万円である。

The sales target of team A is 3 million yen for this month.

● 2022 年度の確定予算が部長により本会議で配布された。

The budget for 2022 has been finalized and was distributed at this meeting by the manager.

● タナカミカは営業部に 7 月 1 日に異動となる。

Mika Tanaka will be transferred to Sales department on July 1.

[未決事項と対応・今後]

　完全な文にしないときはピリオドなしも可。ピリオドの有無は一貫した表記とする。

● 3 つの課題が未解決です。

　Three issues remain unsolved.（完全な文：ピリオドあり）

● 次回の会議へ持ち越し。

Postponed for the next meeting. （主語を省略：ピリオドあり・なし可）

● マーケティングチームに新入社員を増やすかどうか検討する。

Consider hiring new employees for the marketing team. （主語を省略：ピリオドあり・なし可）

● 本システムを海外のグループ会社に展開するか否かを決定する必要がある。

Need to decide whether to expand this system to overseas group companies. （主語を省略：ピリオドあり・なし可）

● 次回の会議には名古屋支店の営業部長が参加します。

The sales manager of Nagoya branch is attending the next meeting. （完全な文：ピリオドあり）

❺アクション

箇条書きまたは完全文で書く。ピリオドあり・なし可。

● 実施事項は次の通りです。

Action items are as follows.

● 原稿の最終期限は 11 月 10 日です。

The deadline for the manuscript is November 10.

● 各部局のマネージャが本プロジェクトを担当します。

The manager of each department is responsible for this project.

● 米国での新しい卸売業者を模索する。

Explore possibilities for additional wholesale partners in the U.S.

● 全部署にシステムの変更を知らせる予定です。

To inform all departments of the system change

● 試作品システムの試験結果について議論する。

To discuss the test results of the prototype system

● 特にアクションはなし。現状の企画を維持する。

No specific action required. Continue with the current plan.

● 本プロジェクトは今週完了する予定です。

The project is to be completed this week.

- 台湾とマレーシアの子会社と共に本プロジェクトを進めてください。
The project is to be proceeded with the group companies in Taiwan and Malaysia.

その他：会議の開会と閉会、議題の承認・可決・否決

- 委員会議長キース・リーが午後 6 時 5 分に会議の開会を宣言した。
Commission Chair Keith Leigh called the meeting to order at 6:05 pm.

- 閉会：ミズノタケルが午後 12 時 30 分に閉会を宣言、タカノミサコが承認、満場一致で閉会した。
Adjournment:
Takeru Mizuno moved to adjourn the meeting at 12:30 pm. Misako Takano seconded. Approved unanimously.

- 4 月 18 日の会議の議事録は訂正の通りに承認、記録された。
The minutes of the April 18 meeting are approved as corrected and entered into the records.

- 前回の会議の議事録は配布の通り、満場一致で承認された。
The minutes of the previous meeting were unanimously approved as distributed.

- 動議が提出され、賛成の声があがっている。
The motion was proposed and seconded.

- 動議は 50 対 30 で可決された。
The motion was carried by 50 votes to 30.

- 動議は 40 対 10 で否認された。
The motion was rejected by 40 votes to 10.

- 動議は議論なく採択された。
The motion was carried without debate.

Message to You

日本企業版「スタイルガイド」を作りませんか

スタイルガイドとは

　欧米諸国には文書作成において統一した言葉遣いを規定する「スタイルガイド」と呼ばれる手引き書があります。英語では style guide や style manual と呼ばれます。表記や文法、各英語表現に関するルールをまとめたもので、企業や学会といった各組織が定めています。

(1) Microsoft Manual of Style for Technical Publications, Microsoft Press（Microsoft 社）

(2) The IBM Style Guide：Conventions for Writers and Editors, IBM Press（IBM 社）

(3) The ACS Style Guide：Effective Communication of Scientific Information, Oxford University Press（アメリカ化学会）

(4) IEEE Editorial Style Manual for Authors：The Institute of Electrical and Electronics Engineers（IEEE）

(5) AMA Manual of Style：A Guide for Authors and Editors, Oxford University Press（アメリカ医師会）

(6) The Chicago Manual of Style, The University of Chicago Press（シカゴ大学出版局）

各分野のスタイルガイドの共通点と相違点

　異なる組織が定めるスタイルガイドの間で、ガイドラインは概ね共通しています。違いは例文の内容が分野に特有である点と、組織に特有の項目が含まれることがある点です。

　例えば、(1) Microsoft 社のスタイルガイドでは、その企業が扱う特定の内容が含められています。

　第 1 章の Documenting the User Interface：（ユーザーインターフェイスのドキュメンテーション）に Windows 画面上の用語の説明があります。Screen Terminology から開始され、Icon（アイコン）、Desktop（デスクトップ）、Start menu（スタートメニュー）などと順に説明されています。また、各種英文法の

説明ではその分野の例文が使われます。文法説明の一例をあげます。

Transitive and Intransitive Verbs（他動詞と自動詞）より（和訳追加）
Correct（正確）

The screen displays information.【他動詞】（画面に情報が表示される）

A box appears.【自動詞】（ボックスが表示される）

The printer cannot print your document.【他動詞】（プリンターが文書を
印刷できない）

To complete Setup, restart your computer.【他動詞】
（Setup を完了するためには、コンピューターを再起動する）

Incorrect（不正確）

A dialog box displays.【自動詞】（ダイアログボックスが表示される）

Your document will not print.【自動詞】（文書が印刷されない）

After you restart your computer, Setup completes.【自動詞】
（コンピュータを再起動した後、Setup が完了する）

　対する(3)アメリカ化学会（学会）のスタイルガイドでは、「化合物の名称と番号」や「化学の通則」「化学構造式」といった章が設けられ、化合物名など分野独自の内容を含めています。また、各種表現の推奨事項が分野の例文を使って示されます。一例をあげます。

Words and Phrases To Avoid（避けるべき表現）より（和訳追加）

Do not use contractions in scientific papers.（科学論文では省略形を使わない）

incorrect（不正確）　　The identification wasn't confirmed by mass spectrometry.

correct（正確）　　　The identification was not confirmed by mass spectrometry.
（質量分析では同定できなかった）

日本企業もスタイルガイドを

　海外の企業例（Microsoft や IBM）のように、日本の企業ほかの組織が日本語、英語の双方の技術文書の書き方についてのスタイルガイドを作成し、他の企業や組織と共有できるように出版するのはいかがでしょうか。

「英文技術文書のスタイルガイド」を日本でも企業内でまとめることができれば、指針に沿った一貫した文書の作成が容易になります。「伝える」ことを重視した指針を打ち出すことに加え、各技術文書作成用のテンプレートも加えると、より便利になるでしょう。明確な指針を打ち出すことで、新入社員からベテランのビジネスパーソンまでが、文書の作成に困らずに、共通したフォーマットで仕事を進めていくことができます。また、技術文書の日英翻訳を外部に依頼するときにも、スタイルガイドで表現を指定することで、共通した品質の翻訳文を得ることができるようになります。

　それにより、日本企業の技術文書の品質が適切に標準化されることが期待できます。

Unit 3

製品説明
Product Description

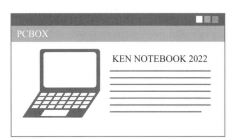

　カタログやホームページで製品や技術について顧客に情報を与えるのが製品説明（Product description）。**特徴、価値（現状のどのような問題を解決するか）、利点を読み手にすばやく的確に伝える**ことで、製品や技術を購入し利用してもらえるように書きます。

魅力ある製品説明の作成のために
●シンプルな表現とポジティブな単語で製品・技術の特徴を明快で効果的に伝える。
●「製品・技術」または「会社といった組織（私たち）」を主語にして視点を定める。
●「概要から詳細へ」「知られているものから知られていないものへ」内容を展開する。

製品説明のスタイル

MG X-Series Touch Screen Stylus Pen PX10 ← ❶製品名

社名→シリーズ名→製品名→モデル情報の順

写真や画像で魅力的に

❷製品の説明文

製品の特徴を明快に描写

The touch screen stylus with a twist ballpoint pen is compatible with devices such as smartphones and tablets as well as devices with a capacitive touch screen.

製品名（The ___ や Our ___）を主語にして視点を定めて説明

The detectable touch screen pen can keep your screen free from scratching and fingerprint marks. The pen has a twist ballpoint pen on the other end. You can write conveniently without the worry of losing the pen cap.

❷説明文のみ、または
❸箇条書きのみも可能

スペースに余裕があれば「背景」から書き出して自社製品の説明に移ることも可能

❸特徴（Features/Benefits/Advantages）や仕様（Technical Specifications）を箇条書き

Touch Screen Stylus Pen Features

- Available in blue or gray housing color
- Convenient pen shape
- Usable as a traditional ballpoint pen
- Durable and responsive tip
- Helps avoid fingerprints and stains
- Twist action mechanism eliminates the hassle of a cap

形容詞を含めて特徴を列挙。名詞形を主体に最小限の語数で記載。主語を省略して動詞で開始することも可能

• Works on all capacitive touch screens

Technical Specifications

簡単な仕様の記載も可能

Item Dimensions (L × W × H): 6.2 × 0.32 × 0.34 inches
Material: Stainless steel
Place of manufacture: Japan
Warranty: 1 year

参考和文

MG 社 X シリーズタッチパネル用タッチペン PX10

回転式ボールペン兼用のタッチペン。スマホやタブレット、静電容量タッチパネル付きの機器に使用できます。

タッチペンを使えば画面に爪の跡や指紋が残りません。また、回転式ボールペンを反対側に備え、キャップをなくす心配もなく便利です。

特徴
・青色または灰色のケース
・使いやすいペン型
・普通のボールペンとしても使える
・丈夫で高感度なペン先
・画面に指紋や汚れが付かずに済む
・回転式でキャップを外す手間いらず
・静電容量タッチスクリーン全般に使用可能

仕様
サイズ（長さ・幅・高さ）：6.2 × 0.32 × 0.34 インチ
材質：ステンレス
製造地：日本
保証：1 年

Point 1 効果的なセンテンスで製品を説明する

効果的なセンテンスでメイン情報とサブ情報を決めて読ませる

　１文をできるだけ短く構成します。１文が長くなる場合には、文中で最も伝えたいメインの情報とそうではないサブの情報を明確に区別し、メインの情報に視点を置いて読み進められる文構造にします。メインとサブの違いを際立たせる方法を紹介します。なお、どの部分をメインにして、どの部分をサブにするかは、その都度戦略に応じて決めます。

- 当社のケーブルは柔軟性が高く、マイナス65℃までの耐久性を有することに加え、耐火性能も良好です。

  リライト前：The cable is highly flexible, resistant to −65℃, and has high fire performance.

> 整える
>
> **メイン情報**：当社のケーブルは柔軟性が高く、マイナス65℃までの耐久性を有している。
>
> **サブ情報**：耐火性能も良好。

⇒ The cable is highly flexible and resistant to −65℃, while ensuring high fire performance.【従属接続詞 while】

- 当社のノートパソコン X シリーズは、家庭、学校、小規模ビジネスにおける基本的な使用を想定して設計されており、信頼性が高く低価格です。

  リライト前：Our X-series laptop computers are designed for basic use at home, school or small business and are both reliable and budget-friendly.

> 整える
>
> **メイン情報**：当社のノートパソコン X シリーズは、信頼性が高く、低価格。
>
> **サブ情報**：家庭、学校、小規模ビジネスにおける基本的な使用を想定して設計。

⇒ Designed for basic use at home, school or small business, our X-series laptop computers are both reliable and budget-friendly.【文頭の分詞】

- 当社の主力製品には種々のオフィス用プリンターや複合機があり、各種オプ

ション機能やニーズに対応している。

リライト前：Our main products include a broad range of office printers and multifunction devices and cover different options and needs.

整える

メイン情報：当社の主力製品には種々のオフィス用プリンターや複合機がある。

サブ情報：各種オプション機能やニーズに対応している。

⇒ Our main products include a broad range of office printers and multifunction devices, covering different options and needs.【文末の分詞】

● SE シリーズのプリンターは特殊小型インクカートリッジが特徴で、カートリッジの取り付けと交換が簡単です。

リライト前：The SE-series printers feature special compact ink cartridges, and these cartridges are easy to install and replace.

整える

メイン情報：SE シリーズのプリンターは特殊小型インクカートリッジが特徴。

サブ情報：カートリッジの取り付けと交換が簡単。

⇒ The SE-series printers feature special compact ink cartridges, which are easy to install and replace.【関係代名詞の非限定用法】

● 初期のスマートウォッチは、計算やデジタル時刻表示、ゲームなどの基本的な機能しかありませんでしたが、当社の現在のモデルでは、モバイルアプリ、モバイル OS、Wi-Fi 接続と Bluetooth 接続などスマートフォンに近い機能を搭載しています。

リライト前：The earlier smartwatches only perform basic tasks such as calculations, digital time telling, and game-playing, but our current models have functionality closer to smartphones, including mobile apps, a mobile operating system, and Wi-Fi and Bluetooth connectivity.

整える

メイン情報：当社の現在のスマートウォッチでは、モバイルアプリ、モバ

イル OS、Wi-Fi 接続と Bluetooth 接続などスマートフォンに近い機能を搭載している。
サブ情報：初期のモデルでは、計算やデジタル時刻表示、ゲームなどの基本的な機能しかない。

⇒ Our smartwatches currently have functionality closer to smartphones, including mobile apps, a mobile operating system, and Wi-Fi and Bluetooth connectivity, unlike the earlier models that only perform basic tasks such as calculations, digital time telling, and game-playing.【前置詞 unlike】

⇒ Although the earlier smartwatches only perform basic tasks such as calculations, digital time telling, and game-playing, our current models have functionality closer to smartphones, including mobile apps, a mobile operating system, and Wi-Fi and Bluetooth connectivity.【従属接続詞 although】

⇒ Our smartwatches currently have functionality closer to smartphones, including mobile apps, a mobile operating system, and Wi-Fi and Bluetooth connectivity, whereas the earlier models only perform basic tasks such as calculations, digital time telling, and game-playing.【従属接続詞 whereas】

Point 2 パラグラフを作る情報の展開順序と主語の選択

●「概要から詳細へ」または「知られているものから知られていないものへ」と展開

パラグラフは1つの話題（トピック）に関する複数のセンテンスの集まりです。

製品や技術の説明は、読み手である顧客が知っている情報や一般的な内容（概要）から述べることで読みやすくなります。つまり、パラグラフの複数のセンテンスは、「概要から詳細へ」または「知られているものから知られていないものへ」と並べることを基本とします。

他にも重要度順、時間順、空間順、「何」から「どのように」へと並べる、

といった方法があります。また、装置の構造を説明する場合には、空間順で左から右へ、上から下へ、あるいは1つの作業の流れに沿って、といった並べ方があります。

●第2文以降の主語は「前の文とそろえる」または「前の文に出てきた情報を使う」

パラグラフを構成する複数の文の主語を決めます。視点は「私たちや会社」または「製品・技術」です。2文目以降の主語は、前文で使った主語と同じにして視点をそろえるか、前の文に出てきた情報を使うことで、文と文のつながりを強めます。

●薄板製品

STEEL CORP は、環境への影響、省エネルギーへの貢献を考えた使いやすい薄板製品の開発と生産を行っています。代表例には自動車用の高張力鋼板があります。安定性と耐久性に優れた高張力鋼板を使うことにより、自動車の軽量化、燃費向上につながります。また、動的変形特性が優れていることから衝突安全性の向上にも寄与します。

第1文 **STEEL CORP** develops and manufactures steel sheets that are easy to use, environmentally friendly, and energy-saving. **第2文** **We** have high tensile strength steel sheets for automobiles, which reduce the weight and increase the fuel efficiency of automobiles while offering stable performance and durability. **第3文** **These steel plates** also have dynamic deformation characteristics, thus improving the safety of automobiles against collisions.

第1文：会社名 STEEL CORP を主語にします。会社の製品の概要を伝えます。

第2文：代名詞 We を使って第1文と主語をそろえます。会社の製品を具体的に列挙します。また、We have high tensile strength steel sheets for automobiles（その代表例に、自動車用の高張力鋼板があります）までをメインの情報として文を組み立て、which reduce the weight and increase the fuel efficiency of automobiles（自動車の軽量化、燃費向上につながります）をサブ情報に、また while offering stable performance and durability（安定性と耐久性に優れた）もサブ情報とすることで、長い英文が読みやすくなります。

第 3 文：主語は第 2 文に登場した「鋼板」です。These steel plates と特定することで、文同士のつながりを強めながら詳しい説明を加えます。

● **ホットメルト接着剤**
ホットメルト接着剤は、加熱すると溶け、冷えると固まる性質をもつ接着剤です。廃棄物の出ない包装形態や低温で溶けるタイプなど、お客様の視点で環境配慮型製品を開発し、省資源化や省エネルギーに貢献しています。独自のブレンド技術や高分子変性技術を活かし、硬化後の耐熱性を向上させた反応型ホットメルト接着剤の開発にも取り組んでいます。

第1文 **Hotmelt adhesives** melt when heated and solidify when cooled. 第2文 **We** develop a variety of environmentally friendly hotmelt adhesives to meet our customers' needs, including products with no waste packaging or products that melt at low temperatures, thus contributing to saving resources and energy. 第3文 **We** also develop reactive hotmelt adhesives with improved thermal resistance after curing with our unique blending techniques and polymer denaturation.

第 1 文：製品 hotmelt adhesives を主語にします。製品の特徴を記載します。
第 2 文：We（会社）を主語にして、どのような hotmelt adhesives を開発しているかを詳しく伝えます。また、We develop a variety of environmentally friendly hotmelt adhesives to meet our customers' needs（お客様の視点で環境配慮型製品を開発している）をメイン情報とします。サブ情報 including products with no waste packaging or products that melt at low temperatures（廃棄物の出ない包装形態や低温で溶けるタイプなど）で詳細を説明し、さらに、分詞を使ってサブ情報 thus contributing to saving resources and energy（省資源化や省エネルギーに貢献しています）を加えます。長い英文も順に読めるように整理します。
第 3 文：主語は We（会社）にそろえます。第 1 文で導入した hotmelt adhesives の種類を詳しく説明します。

Point 3 製品説明に使えるポジティブな単語

　製品説明の目的は、製品を売り込むことです。シンプルな表現で特徴を効果的に伝えるためには単語の選択が重要です。製品説明に使えるポジティブな印象を与える便利な名詞・動詞・形容詞を紹介します。

名詞
- features（特徴）　benefits（利点）　advantages（利点）
- solutions（ソリューション）　capabilities（機能）　options（オプション）
- comfort（快適さ）

動詞
- feature（〜を利点とする、〜を売りにする）　enable（〜を可能にする）
- offer（〜を提供する）　provide（〜を提供する）　deliver（〜をもたらす）
- optimize（〜を最適化する）　minimize（〜を最小化する）　maximize（〜を最大化する）　eliminate（〜をなくす）　(p. 84 表現集参照)

形容詞・形容詞句
- robust（頑丈な）　powerful（強力な）　durable（耐久性のある）　sturdy（丈夫な）
- precise（精密な）　accurate（正確な）　reliable（信頼性のある）　effective（効果的な）
- fast（高速）　compact（小型）　lightweight（軽量）
- portable（もち運び可能）　highly portable（もち運びやすい）
- highly functional（高機能）easy to use（使いやすい）　easy to carry（もちやすい）　easy to install（設置しやすい）　easy to attach（取り付けやすい）
- *easy-to-use ＋直後に名詞も可　例：an easy-to-use tool（使いやすいツール）
- high quality（高品質）　environmentally friendly（環境にやさしい）　budget-friendly（予算にやさしい）　energy-saving（省エネ）
- versatile（用途の多い）　flexible（柔軟な）　diverse（広範囲にわたる）　a variety of（多種にわたる）
- unique（独自の）　different（他とは違う）　proven（証明済み）
- tailored to XX s' needs（XX の要求に合わせた）

Memo 名詞の数——可算と不可算のペア

　可算と不可算のペアを理解しておくと便利です。可算のほうを無冠詞単数形で使ってしまう、不可算のほうに a や複数形の s を付けてしまう、といった誤りに気をつけましょう。例えば、特定する the を使わない場合には、tool は必ず a tool または tools です。一方、tooling は無冠詞単数形が適切です。特定する場合にはいずれも the を使います。

	可算	不可算
道具	tool	tooling
配線	wire	wiring
機械	machine	machinery
回路	circuit	circuitry
配管	pipe	piping
管	tube	tubing
ケーブル	cable	cabling
梱包	package	packaging
サンプル	sample	sampling
負荷	load	loading
道具	instrument	instrumentation
文書	document	documentation
投与量	dose	dosing
処理	process	processing
顕微鏡・顕微鏡検査	microscope	microscopy ..scope は装置（可算）、 ..scopy は手法（不可算）
方法	method/methodology	methodology（可算もあり）
技術	technique/technology	technology（可算もあり）

製品説明の作成練習

 練習 1　パワーウィンドウスイッチ

パワーウィンドウスイッチにアウターミラースイッチを一体化し、省スペース化を図りました。また、多重通信により省線化を図り、車両の軽量化・車両への組付け性を向上させました。

作成例

Power Window Switch

Our power window switch incorporates an outer mirror switch for space saving. The product with multiplex communication uses fewer wires, reduces the weight of the vehicle, and is easily mountable onto the vehicle.

 練習 2　スマートグラス

検索結果が目の前に
当社のスマートグラスでは、Wi-Fi などのインターネット接続で情報検索ができます。話しかけるだけで、物体を特定したり、情報を検索して

入手したり、質問して答えを得たりすることができます。スマートグラスをかければ自動で交通情報や目的地までの経路が目の前に表示され、ユーザーの毎日の移動が大きく変わります。

作成例

Smartglasses
Search results right before your eyes

Our smartglasses will provide search results via Wi-Fi or other Internet connection. Using voice, users can ask the glasses to identify an object, retrieve information, or answer a question. Our smartglasses will revolutionize the everyday travel of users—information such as traffic status and directions to your destinations will automatically appear right before your eyes.

Memo 3つ以上の列挙にはシリアルコンマを入れよう

　3つ以上の単語やフレーズや文を列挙して and や or でつなぐ場合に、and や or の前にコンマを入れましょう。

Our battery-operated lift magnets are versatile, compact**, and** portable.【A, B, and C と形容詞を列挙】
弊社の電池式吊り上げ磁石は多機能、小型、もち運び可能です。

The system transmits sound waves, measures the time taken by echoes to bounce off underwater objects and return**, and** calculate the distance to the objects.【A, B, and C と動詞を列挙】
本システムは、音波を発し、水中の物体からの跳ね返り時間を測定し、物体までの距離を計算する。

Sealing robots can apply materials such as sealants, adhesives**, or** cleaning solutions onto intended surfaces using a material feeder, a regulator, **or** an applier gun.【A, B, or C と名詞を列挙】

シーリングロボットは、材料供給装置やレギュレーター、塗布ガンを用いて、シーラント、接着剤、洗浄液などの材料を所望の表面に塗布します。

このコンマは「シリアルコンマ」と呼ばれます。シリアルコンマを入れることで明確性が増す場合には、必ず使用しましょう。

練習3 組み立てロボット

ROBO CORP のロボットは、2D・3D ビジョンシステムによる位置調整が可能です。複数のロボットの協調制御により、ロボット1台ではできなかった大型部品の持ち上げや組立てができるようになります。最新のハードウェアとソフトウェアにより、複雑な組立要求に応えるソリューションを提供します。

作成例

Assembly Robots

ROBO CORP robots allow positioning using 2D and 3D vision systems. Multiple robots operate in cooperation with one another to achieve tasks difficult with a single robot, including lifting or assembling large components. Our innovative hardware and software used in ROBO CORP robots will offer solutions to meet complicated assembly requirements.

Memo 名詞を説明する2つの形容詞間のコンマ：**a fast, highly durable product**

名詞の前に形容詞が2つ並ぶとき、それぞれの形容詞が独立して名詞を

修飾する場合には、間にコンマを入れて and を省くことができます。各形容詞が独立して名詞を修飾できるかどうかは、その順番を逆にしても意味が変わらないかどうかで確認できます。

高速で（fast）耐久性の高い（highly durable）シャッター
○ a fast and highly durable shutter
○ a highly durable and fast shutter

「高速」と「耐久性の高い」を入れ替えても文意に問題がないことを確認し、形容詞の間にコンマを入れて and を省略。

⇒ a fast, highly durable shutter

汎用性のある（versatile）強力な（powerful）ツール
○ a powerful and versatile tool
○ a versatile and powerful tool

「強力な」と「汎用性のある」を入れ替え可能。コンマを入れて and を省略。

⇒ a powerful, versatile tool

高反射（highly reflective）で広帯域（broadband）のミラー
○ highly reflective and broadband mirrors
○ broadband and highly reflective mirrors

「高反射で」と「広帯域の」を入れ替えても問題がない。コンマを入れて and を省略。

⇒ highly reflective, broadband mirrors

練習 4　レーザー位置センサー LP200

光学距離測定、表面分析のための精密な測定を高速に行います。センサーは非接触で動作するため、測定が難しい状況にも対応できます。充填レベルの検出や、対象物の位置・寸法・表面品質の測定に使用できます。測定範囲は 2 mm から 2,500 mm までが可能です。

特徴：
多様性：位置の移動、距離、種々の表面の形状が測定可能
精密：正確な測定が可能
効果的：高サンプルレートにも最適
平易な構造：複雑な設置手順不要ですばやく取付け可能

作成例

Laser Position Sensor LP200

Our laser position sensors offer quick, high-precision measurements for optical distances and surface analysis. They operate contact-free and are suitable for challenging environments. The sensors can be used for measuring fill levels or to determine the position, dimensions, or surface quality of an object. Their measurement ranges from 2 to 2,500 mm.

Advantages:
Versatile: Our laser sensors measure displacement, distance, and profiles on a wide variety of surfaces.
Precise: Highly precise measurements
Effective: Suitable for high sample rates
Simple: Quick mounting without difficult installation procedures

練習5　水素液化貯蔵システム

低温技術を使った当社の産業用水素液化貯蔵システムは、高い信頼性と耐久性が特徴です。水素を約 -253°C（20K）の極低温まで冷却することで水素を液化します。本システムにより、水素の大量貯蔵と輸送、配送が可能になります。

特徴
・高い信頼性と耐久性
・1日5トンの水素の液化が可能な大容量
・気体水素を液化する低温技術
・水素の大量貯蔵・輸送・配送

作成例

Hydrogen liquefaction and storage system

Our industrial-scale hydrogen liquefaction and storage system using cryogenic technology is highly reliable and durable. The system liquefies hydrogen by cryogenically cooling it to about -253 °C (20 K), enabling mass storage, transportation, and distribution of hydrogen.

Features:
•Highly reliable and durable
•Large capacity—5 tons of hydrogen liquefaction per day
•Cryogenic technology—changing hydrogen from gas to liquid
•Mass storage, transportation, and distribution of hydrogen

Memo 「様々な～」を表す形容詞

We offer ＿＿＿＿＿＿＿products/services that meet customer needs.
(顧客のニーズを満たす様々な製品 / サービスを提供しています。)

　製品説明では、「当社では、多種多様な～を製造しています」などと「多種多様」を強調して表現することがあります。various だけでない「種々」の表し方を知っておくと便利です。

a variety of ＿＿s	種々の
a wide range of ＿＿s	様々な
a broad range of ＿＿s	広範囲にわたる
a diverse range of ＿＿s	多岐にわたる
an extensive range of ＿＿s	広範囲にわたる
different ＿＿s	各種

製品説明の表現集

❶製品名

XY Company X Series Product Model M10
社名→シリーズ名→製品名→モデル情報の順に、必要情報を含める

- ABC 社の自動車用高出力 LED ドライバー
  ABC High-power LED driver for automotive
- X シリーズの鋳型
  X Series Molds
- A-Work 社の LED 管 ET15
  A-Work LED tube ET15

❷製品の説明文（主語は会社または製品）

[会社が主語]

動詞 offer：「〜が〜を提供する」

_____（会社名）offers a wide range of _____（名詞）.

_____（会 社 名）offers a wide range of solutions tailored to meet customer needs: _____, _____, and _____（名詞）.
（XX 社では、顧客のニーズに合わせた幅広いソリューションを有しています。〜、〜、〜などがあります。）
主語は We も可能

- KY 社では、製造工程の要求に応えることができる幅広い種類の接着剤を提供しています。
  KY offers a wide range of adhesive solutions that meet the requirements of your manufacturing processes.
- ABC 社では、顧客のニーズに合わせた幅広いソリューションを有しています。携帯アプリ、データ記憶装置、外部リモートリソースに関する処理などがあります。
  ABC Corporation offers a wide range of solutions tailored to meet

customer needs: mobile applications, data storage, and processing on external remote resources.

> **be 動詞 + dedicated to …ing：「~に尽力している」**
> We are dedicated to delivering _____ to meet the needs of our customers.
> （当社は顧客ニーズを満たす~を提供するよう尽力しています。）

● 当社は顧客の要望を満たす最良の照明を提供するよう尽力しています。
We are dedicated to delivering the best lighting solutions to meet the needs of our customers.

● 高品質のヘルスケア商品を低価格で提供するよう尽力しています。
We are dedicated to providing high quality healthcare products at discounted prices.

[製品が主語]
Our XXs（製品名）

> **be 動詞：「我々の製品は、~（形容詞）である」**
> Our _____（製品名）is_____（ポジティブな形容詞：p. 75 参照）.
> （当社の~は、~です。）
> 複数形 Our _____s are_____. も可能

● 弊社のソフトウェアツールは、シンプルで使いやすい。
Our software tools are simple and easy to use.

● 当社のスキャン技術は、高速、柔軟、強靱です。
Our scanning solutions are fast, flexible, and robust.

● 弊社の包装機械は信頼性が高く、安全で革新的である。
Our wrapping machines are reliable, safe, and innovative.

> **動詞 allow/enable：「我々の製品により、~は~が~できる」**

> Our _____（製品名）allow(s)/enable(s) users to _____（動詞）.
> （当社の〜を使うことにより、ユーザーは〜することができます。）

● 当社のウェアラブル健康管理デバイスは、あらゆる年齢のユーザーの健康管理にご利用いただけます。健康状態に変化が生じればアラートでお知らせします。
Our wearable health monitoring devices enable users of all ages to track their health conditions and alert them about any changes.

● 当社のソフトウェアツールを使うことにより、ディベロッパーは、ウェブサイトの脆弱性について分析することができる。
Our software tools allow developers to analyze potential vulnerabilities of their websites.

> **動詞 enable：「我々の製品は、〜を可能にする」**
> Our _____（製品名）enable(s) _____（名詞または動作を表す名詞）.
> （当社の〜は、〜を可能にします。）

● 当社の高速で信頼性の高いプロトコルにより、ネットワーク環境によらず、高速ファイル転送が可能になります。
Our fast and reliable protocol enables high-speed file transfer without being affected by network environments.

● 当社の各種バルブは、様々な用途の精密な流量制御や温度制御が可能です。
Our wide selection of valves enables precise flow rate and temperature control in different applications.

> **動詞 feature：「我々の製品は、〜を特徴（売りに）している」**
> Our _____（製品名）feature(s) _____（名詞または動作を表す名詞）.
> （当社の〜は、〜を特徴としています。）

● この新型テレビは多数のコネクターを有しているので、ゲーム機、DVR、コンピューターとのシームレスな統合が可能です。

The new TV model features many connectors for seamless integration with video game consoles, DVRs, and computers.

● 当社のソフトウェアは使いやすく、直感的に操作できるユーザーインターフェイスのグラフィックデザイン環境を特徴としています。
Our software is simple to use and features a graphic design environment with an intuitive user interface.

動詞 eliminate：「我々の製品によると、〜が不要になる」
Our ＿＿＿＿（製品名）eliminate(s) ＿＿＿＿＿＿（名詞または動作を表す名詞）.
Our ＿＿＿＿（製品名）eliminate(s) the need for ＿＿＿＿＿（名詞）.
（我々の〜によると、〜が不要になります。）

動詞 minimize：「我々の製品により、〜が最少になる」
Our ＿＿＿＿（製品名）minimize(s) ＿＿＿＿＿＿（名詞または動作を表す名詞）.
（我々の〜によると、〜が最小になります。）

動詞 reduce：「我々の製品により、〜が少なくなる」
Our ＿＿＿＿（製品名）reduce(s) ＿＿＿＿＿＿（名詞または動作を表す名詞）.
（我々の〜によると、〜が減ります。）

● 当社の潤滑剤により、日々のメンテナンスが不要になります / 最小限になります / 減ります。
Our lubricant eliminates the need for routine maintenance. （不要になる）
Our lubricant minimizes the need for routine maintenance. （最小限になる）
Our lubricant reduces the need for routine maintenance. （減る）

動詞 maximize：「我々の製品（技術）は、〜を最大にする」
Our ＿＿＿＿（製品名）maximize(s) ＿＿＿＿＿＿（名詞または動作を表す名詞）.
（我々の〜は、〜を最大にします。）
動詞 optimize：「我々の製品（技術）は、〜を最適化する」
Our ＿＿＿＿（製品名）optimize(s) ＿＿＿＿＿＿（名詞または動作を表す名詞）.

（我々の〜は、〜を最適化します。）

● 当社のパワフルな照明機能により、室内で植物を育てるのに要する光の最大化と最適化が可能になります。

Our powerful lighting options maximize and optimize the light required to grow your plants indoors.

動詞 deliver：「我々の製品は、〜をもたらす」

Our _____ （製品名）deliver(s) benefits to _____ （名詞）.

（当社の〜は、〜に利点をもたらします。）

動詞 offer：「製品が解決を提供する」

Our _____ （製品名）offer(s)/provide(s) _____ （形容詞）solutions to _____ （名詞）.

（当社の〜は、〜に〜のソリューションをもたらします。）

● 安定した動きと静かな運転を特徴とする当社の乗客エレベーターは、人々の移動をよりスムーズなものにします。

Our smooth and silent ride passenger elevators offer advanced people-flow solutions.

● 弊社のソフトウェアソリューションによると、ユーザーの行動、好み、プロフィール情報に基づいてカスタマイズされたアプリを提供できる。

Our software solution will provide a custom app experience for your users based on their behavior, preferences, and profile information.

動詞 include, range：「〜から〜まで種々のものがある」

Our lineup includes _____ （名詞）and _____ （名詞）.

（当社の製品ラインアップには、〜と〜があります。）

Our services/main products range from_____ （名詞）to _____ （名詞）.

（当社の製品・サービスには、〜と〜があります。）

● 当社の製品には、リニア位置センサー、ロータリーセンサー、顧客の仕様に合わせたカスタムセンサー等がある。

Our products include linear position sensors, rotary sensors, and customized sensors designed to meet customers' specifications.

● 当社のサービスには、測定、試験施設の設計、試験手順の作成、技術研修の提供がある。

Our services range from providing measurements, designing test facilities, and writing test procedures to providing technical personal training.

動詞 have, find：「～を有する・見つける」

Our _____ have (has) uses in _____ （名詞）.

Our _____ find(s) uses in _____ （名詞）.

（製品は、～に応用できます・用途があります。）

● 当社のシステムは、発電、製造、金属表面処理、印刷、食品処理に利用できます。

Our systems find uses in power generation, manufacturing, metal finishing, printing, and food processing.

● 当社の洗浄製品は、ヘルスケア、食品サービス、ホテル業、保育といった幅広い産業において利用できます。

Our cleaning products have uses in a broad range of industries including healthcare, food service, hotels, and childcare.

● 当社のロボットは、シーラント、接着剤、洗浄液などのシーリング分野において数多く導入されております。

Our robots have many uses in sealing with sealants, adhesives, and cleaning solutions.

「一般的な製品・技術」を主語にした背景説明で書き出す

> ### 「～は、一般的に～である」
> XXs are _____（名詞）.
>
> XXs have _____（名詞）.
>
> （～は、一般的に～です。）

● 最近のオムツは高機能で、快適で肌に優しく、高吸収、漏れ防止を実現しています。当社の新生児用オムツは新生児に必要な柔らかさと快適さを実現し、かつ漏れを防止して適切にフィットします。

Diapers nowadays are highly functional products that combine comfort and skin friendliness with high absorbency and leak protection. Our Newborn Baby Diapers provide the softness and comfort that newborn babies need, while ensuring advanced leak protection and a secure fit.

● LED は、照明用としての優れた特徴をもっています。白熱灯や蛍光灯に比べて長寿命であり、視認性良好で、屋内外を問わずに幅広く使えます。LED をディスプレイのスクリーン照明に使うことで、当社の XY100 ディスプレイは、屋内外での視認性と 5 万から 10 万時間の長寿命を実現しています。

Light-emitting diodes (LEDs) for lighting have many advantages: they last longer than incandescent or fluorescent lamps and are highly visible both indoors and outdoors. Using LEDs to illuminate a screen, our display XY100 offers high indoor and outdoor visibility as well as a longer life of 50,000 to 100,000 operating hours.

❸特徴(Features または Benefits)や仕様(Technical specifications)を箇条書き

Features（特徴）

● Enhanced _____　　高い～

　例：Enhanced intensity（高い強度）

● Improved _____　　高い～

　例：Improved responsiveness to customer demand（顧客要求への早期対応）

● Reduced _____　　少ない～

　例：Reduced pollution（汚染が少ない）

● Lower _____　　　　より少ない〜

　例：Lower manufacturing cost（製造コストが低い）

● No _____　　　　〜がない

　例：No noise（ノイズなし）

● Smoother _____　　　　〜がよりスムーズ

　例：Smoother writing experience（スムーズな書き心地）

● Smaller _____　　　　〜がより小さい

　例：Smaller lot sizes（小さいロットサイズ）

● Simplified _____　　　　〜がよりシンプルな

　例：Simplified operation（操作がシンプル）

● Automatic _____　　　　自動で〜が行える

　例：Automatic tuning（自動調整）

● Innovative _____　　　　革新的な〜

　例：Innovative design（刷新デザイン）

● _____able　　　〜できる

　例：Foldable（折りたたみ可能）／Removable（取り外し可能）

● Available in _____　　　〜（色・サイズ・材料）がある

　例：Available in white and black（白と黒がある）／Available in nickel or
　　　brass（ニッケル製と真鍮製がある）／Length available from 10 to 100
　　　mm（10〜100ミリの長さから選べる）

● Made of _____　　　　〜製

　　例：Made of carbon steel（カーボンスチール製）／Made of natural salt
　crystal（天然塩クリスタルからなる）

● __free　　　〜が入っていない

　例：Solvent-free（溶媒を含まない）／Stress-free（ストレスなし）

● Resistant to　　　〜に強い

　例：Resistant to high temperatures（高温に強い）

● Includes _____　　　　〜を含む

　例：Includes extension cable（延長コードを含む）

● Uses _____　　　　〜を使用

　例：Uses 60 W incandescent bulbs（60 Wの白熱電球を使用）

● _____ options　　　　オプションあり

　例：Two mounting options: desktop and panel（デスクトップとパネルの2つ
　　　の設置オプションあり）

Message to You

アメリカ医師会（AMA）のスタイルガイドご紹介
― utilize（活用する）や employ（採用する）よりも Use *use!*

　技術英語で重要なのは読み手にとって平易な単語を使うことです。それは専門用語を使わないという意味ではありません。専門用語は、その分野の読み手にとっては馴染みの言葉であり、単語を見ただけで中身が理解できる便利なものです。例えば「周波数特性」は frequency response が定訳です。周波数特性とは「入力として与えた周波数に対して出力がどのように変化するかを表したもの」のため「特性」には response という単語を使用します。多くの場合に名詞が専門用語となります。

　一方で、一般的な動作を表す動詞については、平易な単語を使います。例えば「活用する」という日本語であっても、utilize とせずに平易な use を使いましょう。「採用する」には employ や adopt ではなく平易な use を使いましょう。内容が複雑な場合でも、特に平易な動詞を使うことで、スムーズに読み進めることができる英文になります。また、書き手にとっても、誰でも確実に間違いなく使える単語（例：use, have といった万能な動詞）を使えば、誤りも避けられます。

　このような方法、つまり utilize を use に置き換えることについて、アメリカ医師会（AMA）のスタイルガイドに記載があります。AMA のスタイルガイド（*AMA Manual of Style: A Guide for Authors and Editors,* 10th Edition, Oxford University Press）には、明快に書くための指針が掲載されており、非ネイティブが英文を書く指針としてもお薦めです。

■ use, usage, utility, utilize: (p. 404)
Use is almost always preferable to *utilize*, which has the specific meaning "to find a profitable or practical use for," suggesting the discovery of a new use for something. However, even where this meaning is intended, *use* would be acceptable.

　（use はたいてい utilize より好ましい。utilize は「有益または実用的な使用を見出す」という意味であり、新しい使用の発見を示唆する。しかしその意味の場合でも use でもよい。）

例：During an in-flight emergency, the surgeon utilized a coat hanger as a "trocar" during insertion of a chest tube.

（機内での緊急時、医師は胸部管の挿入時、衣服のハンガーを「トロカール（管針）」として使用した。）

Some urban survivors utilized plastic garbage cans as "lifeboats" to escape flooding in the aftermath of Hurricane Katrina.

（ハリケーン「カトリーナ」の後に起こった洪水を逃れるため、都会での生存者はプラスチックのゴミ箱を「救命ボート」として使用した。）

Exception: *Utilization* review and *utilization* rate are acceptable terminology.

（例外：utilization review（ユーティリゼーション・レビュー）や utilization rate（利用率）は許容される用語である。）

Usage refers to an acceptable, customary, or habitual practice or procedure, often linguistic in nature. For the broader sense in which there is no reference to a standard of practice, *use* is the correct noun form.

（usage（使用法）とは、許容される慣例的または習慣的な実践や手順を示し、言語を扱う文脈で使われることが多い。慣習の基準に言及しない広義では、use（使用）が正しい名詞形である。）

例：The correct usage of *regime* vs *regimen* is discussed on page 401.

（regime と regimen の正しい使用法は、401 ページに記載されている。）

Who determines what is correct usage?

（正しい使用法を誰が決めるのか。）

Some authors use the pretentious *usage* where *use* would be appropriate. As a rule of thumb, avoid *utilize* and be wary of *usage*. **Use *use*.**

（use が適切である場合に、大げさな usage を使いたがる著者もいる。実際的な基準としては、utilize は避け、usage は気をつけて使う、そして use を使うとよい。）

Note: *Utility* — meaning fitness for some purpose, or usefulness — should never be changed to the noun *use*. Nor should *employ* be used for *use*; reserve *employ* to mean *hire*.

（なお、utility は目的に対する適合性つまり有用性を表すため、名詞 use に変更することはできない。また、employ を use の意味に使わず、「雇用する」の意味だけに使う。）

Unit 4

プレゼン資料

Presentation Slides and Notes

　新規技術や製品を口頭で発表する際に使うプレゼン資料（Presentation slides and notes）。**スライド1ページに1つのメッセージを入れる**ことを原則として、見やすくレイアウトします。それに対して、効率的かつ効果的に話せる原稿を作り込みます。**最小限の語数で簡潔な原稿を作成する**ことで、発話に余裕ができます。**スライドは、文章にせずに表現を短縮し、アウトラインと視覚情報を提示**して聴衆の理解を助けます。スライドは書き言葉、原稿は話し言葉で準備します。

効果的なプレゼン資料を準備するために

☑1スライドにつき1メッセージの原則で見やすいスライドを作成。文章ですべてを説明せず、キーワードのみを記載してアウトラインを提示。

☑簡潔な原稿を作り込む。最小限の語数で発音しやすく、覚えやすい原稿を作る。オンライン・対面いずれの発表の場合も、手元に置く資料はメモや視覚資料にとどめる。

☑質疑応答で想定しうる質問と応答を準備しておく。

プレゼン資料のスタイル

十分に大きい文字で発表タイトルを書く

各単語の頭を大文字（冠詞と前置詞除く）

System for Supporting Children with Developmental Disorders

名前・日付など必要情報

Takeshi Mizutani, Feb 25, 2022
mizutani@ABC.co.jp

連絡先を書いてもよい

1

各スライドに対して原稿を作り込む

ゆっくり読んで1スライド1分〜最長3分の分量

原稿 Hello, I would like to talk about our new system for supporting children with developmental disorders.

スライド1
発達障害のある子どものための支援システム ← 発表のタイトル
2022年2月25日　発表者：ミズタニタケシ（mizutani@ABC.co.jp）
原稿 本日は、発達障害のある子どものための支援システムについてお話しします。

Today's Outline

見出しは大きく表示

- Advantages: Low cost, highly responsive system

- Implementation examples

完全文ではなくキーワードを列挙する。
スライドデザインはシンプルがオススメ

2

原稿の各文を短く。アウトラインの説明はすばやく終える

原稿 First, I'll talk about the advantages of our system. Then, I'll share with you some implementation examples and talk about future applications of our system.

This is our outline. や Our outline is as follows. などのみで終えることも可能。短いプレゼンであればアウトラインは省略可

スライド2

本日の概要

- システムの利点は低価格と良好な応答
- 導入例

原稿 はじめにシステムの利点についてお話しします。その後、導入例をいくつかご提示しまして、システムの応用可能性についてお話しします。

プレゼンの山場を作る

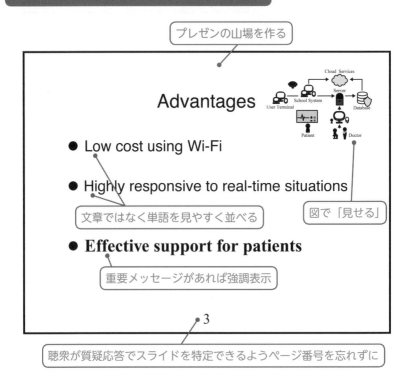

文章ではなく単語を見やすく並べる

図で「見せる」

重要メッセージがあれば強調表示

聴衆が質疑応答でスライドを特定できるようページ番号を忘れずに

原稿 Our system has several advantages. The system uses Wi-Fi connection and is less costly. The system responds in real-time to changes in the patient's conditions. The data about the patient will be automatically sent to the hospital server and stored in their database.

短い文で組み立てる。可能な限り発音しやすい単語を使った原稿とする

System Setup（システム構成）や Our Method（方法）や Implementation Examples（実施例）、Issue to Be Solved（解決すべき問題）など適宜の内容を含める。プレゼンの山場で聴衆を引きつけられるようにする。分野の違う聴衆にも理解してもらえるように工夫する。

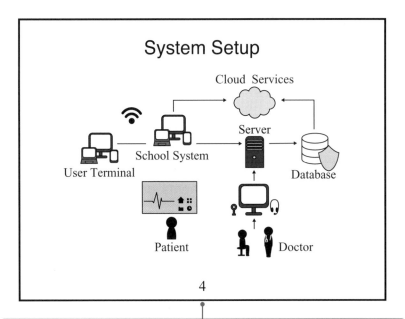

1スライド1メッセージで、1分から3分の原稿。文字を大きく。視覚的に見せるスライドは「見せる」時間を長めに取って発表

中略

スライド3
利点
- 低価格（Wi-Fi使用による）
- 現況に即した応答
- 患者への効果的な支援

原稿 システムには利点が複数あります。Wi-Fi接続を利用しているため費用が安く、患者の状態に従ったリアルタイムな応答が可能です。患者のデータは病院のサーバーに自動的に送られ、データベースに蓄積されます。

スライド4
システム構成

原稿を読みながら、スライド4で拡大図を見せる。

Successful System Implementations

● Successfully detected patients' conditions

● Need more keywords to increase analysis accuracy

8

Future Vision:

文字を減らして視覚的に訴える

Schools, homes, and hospitals linked together

Information Collaboration
Collaboration Information
Information Collaboration

9

Future Vision:

- Link schools, homes, and hospitals nationwide
- Eliminate parents' fears and
  increase children's happiness
- Change the school life of children
  with developmental disorders

> 主語を省略して短く

> 結論を列挙

Schools, homes, and hospitals linked together

> 聴衆にメッセージを残して終える

10

> スライドの画像やキーワードをつないで説明できる原稿を作成

原稿 Our system will link schools, homes, and hospitals nationwide to support children with developmental disorders in response to their real-time physical conditions, eliminating anxiety that parents might have and enabling the children to enjoy their school life more. Our system will completely change the life of these children.

スライド8
効果的な実装
- 患者の状態を把握することができた
- 分析精度を高めるためにはキーワードを増やす必要がある

スライド9
展望：学校・家庭・病院の連携が可能に［※スライド8、9の原稿は省略］

スライド10
今後：

> 原稿を読みながら、スライド8、9、10
> へと切り替える

- 全国の学校・家庭・病院の連携
- 親の不安がなくなり、子どもたちの幸福度が増す
- 発達障害を有する子どもの学校生活が変わる
- 学校・家庭・病院の連携が可能に

[原稿] 本システムにより、学校・家庭・病院の連携が可能になり、発達障害を有する子どもの状態に応じてリアルタイムな支援を行うことができるようになります。親御さんの不安が軽減し、子どもは学校生活を楽しめるようになります。本システムにより、発達障害を有する子どもの生活が大きく変わります。

❺ Thank you スライド

[原稿] This concludes my presentation. Thank you.

スライド 11
[原稿] これで発表は終わりです。ありがとうございました。

＊本プレゼンスライドは、理系学生が提供してくれた資料に基づきます。

Point 1 プレゼンの準備──スライドと原稿の作成から当日まで

ステップ1 プレゼンのアウトラインと山場を決める

　プレゼンの主張（聞き手に一番伝えたいメッセージや見せたいデータ、つまり山場は何か）を決め、それをサポートする展開となるようにアウトラインを作る。

ステップ2 スライドの作成

　アウトラインに沿ったスライドを作成する。1スライドにつき1分などと目安の説明時間を決め、スライド枚数を限定する。各スライドには1つのメッセージのみを含める。文字を減らしてグラフや画像などの視覚的な情報を優先して掲載する。

ステップ3 原稿の作成

　スライドが完成したら、そこに掲載したキーワードやフレーズをつなげた簡潔な原稿を作成する。各スライドに対して「話し言葉」の原稿を作る。例えばスライドには書き言葉である difficult（難解である）とし、原稿では話し言葉 so hard（とても難しい）と表現を変えることも可能。Hello. といった挨拶もすべて原稿に書き起こすとよい。質疑応答の準備も行う。想定できる質問集を作り、回答を準備しておく。

ステップ4 練習

　原稿を読んで練習する。当日は原稿なしで話せるように準備する。実際のプレゼンに持ち込むメモやスライドを見て原稿を再現できるようにする。

ステップ5 当日

　発声練習により「声」を作っておく（p. 111 Memo 参照）。準備を終えたあとは、Enjoy the experience! その日の経験を楽しむ。

動詞 share（共有する）で聴衆を巻き込む

プレゼンでは「〜を発信したい」「〜を伝えたい」「〜をみんなに見せたい」などと聴衆に対して強く伝えたいと願うことがあるでしょう。そのようなとき、I would like to talk about ...（話します）や I would like to show you ...（見せます）では「動詞」が物足りないと感じることがあるかもしれません。また、「〜の魅力を発信したい」といった場合、「発信」という難しい日本語に対して、日英辞書では transmit, convey, spread が出てきますが、それらが適切な動詞なのかどうか迷うことがあるでしょう。

　そんな状況に使える便利な動詞は share です。「共有する」という意味です。「聴衆を巻き込み、伝えたい」ということが伝わる便利な動詞です。

We'll show our finding to you.（今回わかったことをみなさんにお見せします）
⇒ We'll share our finding with you.

I would like to provide this information to you.（みなさんにこの情報を提供したい）
⇒ I would like to share this information with you.

We would like to convey the advantages of our system to people around the world.（本システムの利点を世界の人々に発信したい）
⇒ We would like to share the advantages of our system with people around the world.

動詞 discuss（議論する）で重みのある表現とする

　次に、「〜について先ほど話しましたが」や「〜に関しては〜さんが話していました。」「〜について説明します。」と言いたい場合に、talk about（〜について話す）の代わりにより具体的な動詞 discuss（議論する）が使えます。なお、discuss は他動詞ですので、talk about のように前置詞を使わずに直後に対象を置きます。単語数が減るとともに、重みのある表現となります。

Now, I would like to talk about the cost issue.
（さて、コストの問題についてお話しします）

⇒ Now, I would like to discuss the cost issue.

Mr. Tanaka talked about the issue in the morning session.
（朝のセッションでは田中さんがその問題について話されていました）
⇒ Mr. Tanaka discussed the issue in the morning session.

便利な動詞 share と discuss をぜひプレゼン原稿の中で使ってください。

Point 2 スライドと原稿のコツ

①スライドの英語を短縮する

完全な文章をスライドに掲載するのではなく、短縮して記載することで視覚的に見やすく整えます。短縮する方法の詳細は「英文を短縮する方法」(p. 50) 参照。

短縮前の完全文

- We developed a new system for supporting children with developmental disorders using natural language processing.
- We will start prototyping the system on April 1, 2022.

短縮後

(A) 主語を省いて動詞で開始

- Developed a new system for supporting children with developmental disorders using natural language processing.
- Will start prototyping the system on April 1, 2022.

(B) 名詞形にまとめる。冒頭の冠詞、理解に支障が生じない冠詞を省略

- New system for supporting children with developmental disorders using natural language processing
- Prototyping to start on April 1, 2022

    ＊名詞形にした場合にはピリオドは省略可。ピリオドの有無は整合が取れていればよい。

また、目立たせたい情報を冒頭に入れるといった工夫も効果的。例えば日付を入れて目立たせる場合。

- February 1, 2022: Developed new system for supporting children with developmental disorders using natural language processing
- April 1, 2022: Start prototyping

②スライドの表記を正しくする

英語の句読点を正しく使うことが大切です。誤りや不整合があると聴衆の気

が散ってしまいます。また、自然な英語表現を使うことも必要です。途中からプレゼンに参加した聴衆や途中から集中して聞き始めた聴衆にも理解できるようにスライドを組み立てます。

　以下、×は好ましくないか誤っている例、○は修正例です。

× Our Method - Check Items -　⇒　○ Our Method: Check Items
× Our Method; Check Items　⇒　○ Our Method: Check Items

　ハイフンで囲った表現やセミコロンの誤りが多く見られます。万能な修正の方法はコロンを使うことです。コロンは「大から詳（だいからしょう）へコロンだ」と覚えます。つまり、大まかな内容を先に伝え、詳細を述べる際に使用できる万能な句読点です。

× Ex) ...　⇒　○ e.g., ...

　「例」は Ex よりも e.g., が英語では一般的です。

× can't　⇒　○ cannot

　スライドは正式な書き言葉ですので省略形の使用を控えます。原稿は、話し言葉のため省略形が可能です。

× 1, 2, 3,　⇒　○ 1. 2. 3.
× 1.Our Method　⇒　○ 1. Our Method
×①②③　⇒　○ 1. 2. 3. や(1)(2)(3)
× ・・・　⇒　○…

　箇条書きの数字の後ろにコンマを置いてしまうといった基本的な句読点の不具合が見られることがあります。また、1. のピリオドの後ろにはスペースが1つ必要です。①②③は日本語表記なので不可です。1. 2. 3. や(1)(2)(3)に変更します。

　また、全角の三点リーダ（・・・）は半角に変更します。三点リーダは、その先に文が続くことや同類の列挙が省略されていることを表します。

　他の注意点です。
●単語の頭を大文字にする場合には、一貫性が必要です。冠詞と前置詞を除く

すべての単語の頭を大文字にするか、文頭（はじめの単語）のみを大文字にします。

●ピリオドの有無には一貫性が必要です。完全な文章にはピリオドを入れます。短縮したメモには、ピリオドの有無はいずれも可能です。

●英語プレゼンのスライドに日本語が残ってはいけません。グラフなども含めてすべて英訳します。

●使用する写真などに他社の商品名といった不要な情報が入らないようにします。

③「ビジー（busy）＝詰め込みすぎ」を避けて、文字を大きく、キーワードをつなげて読めるスライドを作成する

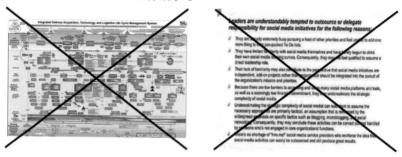

　見た目が混み合っているスライド（busy slide）は、聴衆の意欲が削がれます。詳しい図を詰め込んだり、文字を多く書き込んだりすることをやめ、1スライドに1メッセージを含めるという原則を守ります。プレゼンの内容を想起させるキーワードを記入し、そのキーワードをつなげると原稿となるようにスライドを工夫しましょう。名詞の単複についても、原稿と同じ形に整えておきます。

悪い例×　　　　　　　　　　　　　　　　　　よい例○

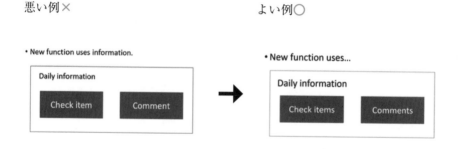

×左のスライドの原稿例

The new function uses information. The information is daily information that includes <u>check item and comment</u>.

スライドに文章を書くと、それを読むことになり、原稿が長くなる。また、名詞の単複を整えずにスライドに掲載すると、発話でも誤ってしまう可能性がある。

○右のスライドの原稿例

<u>Our</u> new function uses daily information, <u>including</u> check items and comments.

スライドに対して下線部を足すだけで原稿になる。語数が少ないので、ゆっくり読める。Check items, Comments のように複数形で掲載しておくことで、発話のときに誤りにくい。

④原稿をブラッシュアップして語数を極限まで減らす

　英語でのプレゼンでは、はっきりと伝えることが重要です。そのために、原稿の語数を最小限とし、ゆっくりと発音できるように組み立てます。SVO を中心としてシンプルに組み立てます。また、何を話すべきかを忘れてしまわないよう、文を組み立てられるキーワードをスライドに記載しましょう。効果的なスライドの作成により、発表者も聴衆も、プレゼンの内容が追いやすくなります。

[ブラッシュアップの例]

There is one problem that we are going to solve with our new system.
（我々の新システムを使って解決したい問題があります。）
⇒ We face a problem. Our new system will solve the problem.

It is challenging for us to overcome the cost problem.
（コストの問題を克服することは難しい。）
⇒ Our challenge is to solve the cost problem.

I will give you a summary of my presentation.
（プレゼンの要点をお伝えします。）
⇒ I will summarize my presentation.

We developed an educational support system in early 2022. In this system, daily information about students at school is directly transferred to hospital.

（2022 年初頭に教育サポートシステムを開発した。本システムにおいては、生徒の学校での日々の様子が病院に直接送られる。）

⇒ We developed an educational support system in early 2022, in which daily information about students at school is directly transferred to hospital.

This is the end of my presentation. Thank you.

（これにて私のプレゼンを終わりとします。ありがとうございました。）

⇒ This concludes my presentation. Thank you.

＊ conclude ＝ ～を結論付ける・終わりとする

⑤プレゼンで使う略語の導入方法（口頭・スライド）

●略語の導入はスペルアウトが先で、次に略語がカッコ内。口頭では or で略語を導入

　略語の導入は、スペルアウトが先、丸括弧内に略語を記載するという通常の規則と同じように書きます。

　　例：Internet of Things（IoT）

　読むときは、Internet of Things, or IoT というように、略語に言い換えるところで or（オア）を入れます。IoT stands for Internet of Things.（IoT とは Internet of Things を意味する）といった説明を割愛できます。略語を使う最初の箇所で＿＿＿（フルスペル）, or ＿＿＿（略語）と導入し、そのあとは略語のみを使います。

●略語の発音を調べておく

　略語をアルファベットで読むのか単語として読むのかに注意します。日本語では略語を単語として読む場合がありますが、英語では頭字語を除いて、通常はアルファベットで読みます。まれにどちらの読み方も許容されるものがあります。

[アルファベット読みの例]

LED　エルイーディー　light-emitting diode

SEM　エスイーエム　scanning electron microscopy

　　＊日本語では SEM を「セム」と読むことが多いので注意。

[単語読み（頭字語）の例]

CMOS　シーモス　complementary metal-oxide-semiconductor

[アルファベット読み・単語読みの両方がある例]

SOA　エスオーエイまたはソーア　service-oriented architecture

Memo プレゼン当日に「声（Voice）」を準備する

　プレゼンの大切な要素に「声」があります。マイクを使用する場合でも、大きく、カツゼツよく通る声を作ることが大切です。お腹の底から出す低めの声を意識すると聞き取りやすい英語を話すことができます。

①肩幅に足を開いて立つ。

②遠くに「声を飛ばす」ようなイメージで、「アー」と発声する。

　　※その際、口自体が大きく開くのではなく、喉の奥を開くことが大切。口にティッシュ数枚やハンカチをくわえることで口を軽くふさいだ状態で発声を行うと、口自体ではなく、喉の奥が開くことが体感できる。

　　※「アー」という発声は、息継ぎをしながら 1 分～3 分続けて行う。喉の奥が開き、プレゼンの第一声目から澄んだ声で開始することができる。

　プレゼンを行う日の朝は、必ず発声練習をしておきましょう。対面・オンラインの別に関わらず、プレゼンの第一声目から綺麗な声が出るように声を作っておきましょう。

Point 3 効果的なプレゼンの 5 箇条

> 1. Know your audience.
> 2. Start and finish strongly.
> 3. Practice!
> 4. Develop your own style.
> 5. Enjoy the experience!

1. 聴衆を知ること　Know your audience.

　聴衆の知識レベル・興味・知りたいことを想定してプレゼンを組み立てます。プレゼンの内容を、興味レベルや知識レベルによらずに聴衆の心のどこかに引っかけることができるように工夫します。

2. 効果的なイントロと強い締めくくり　Start and finish strongly.

　【効果的なイントロ】聴衆の心をつかむ効果的な導入が重要です。冒頭で聴衆へ問いかけたり、プレゼンを聞き終わったときに何ができるようになるかという利点を提示したり、という工夫が効果的です。プレゼンの開始後は、速やかに本題へと導きます。プレゼンを成功に導けるよう、開始の 1〜2 分を繰り返し練習しておきましょう。

　【強い締めくくり】強いメッセージを残してプレゼンを終えます。自分の技術が何の役に立つのかが聴衆の印象に残るメッセージを考えます。当日、時間が押してしまった場合には、途中を端折ってでも締めくくりの時間をとり、聴衆にメッセージを伝えます。

3. 十分に練習をする　Practice!

　プレゼンの成功は準備にかかっています。割り当てられた発表時間中は「しっかりと英語が話せる自分」となるよう、プレゼンを作り込みます。スライドとプレゼン原稿が完成したら、まずはスライドを見ながら原稿を読む練習をします。発音がわからない場合には辞書で調べたり、テキストを読み上げてくれるサイト (p. 136 参照) を利用することで、スラスラ読めるように練習します。さらには原稿を見なくてもスライドに沿ったアウトラインで話せるよう、十分に準備と練習をします。時間を計ってリハーサルし、音声やビデオを録音・録

画して繰り返し確認しましょう。質疑応答については、想定される質問を書き出し、応答を周到に準備します。

4. 自分に合うプレゼンのスタイルを見つける　Develop your own style.

どのようなプレゼンが最も効果的かは、発表者によって異なります。プレゼンの経験を重ねるごとに、効果的な方法を見出し、発展させることが大切です。

5. 当日はその場を楽しむ　Enjoy the experience!

準備と練習が完了すれば、当日は「その場での経験を楽しむ」ようにしましょう。登壇の位置についたら、聴衆の様子を前から広く見渡しておくと心の余裕が生まれ、聴衆からも余裕のある発表者に見えるでしょう。オンラインで行うプレゼンの場合には、目線がカメラの位置に平行になるようにしましょう。

Memo　プレゼンではあえて発音しやすい単語を選ぶ

プレゼンの原稿を作成するとき、あえて発音しやすい単語を選ぶことも重要です。例えば I think（私は～と思う）は th（ティーエイチ）の発音が難しいため、I believe.（私は～と思う）を選びます。以下に発音しやすい単語への変更例を示します。

I think（～と思う）　⇒　I believe
Furthermore, ...（さらには）　⇒　Additionally, ... または And ...
participate（参加する）　⇒　join
can't（～できない）　⇒　cannot
various（様々な）　⇒　many（多くの）

プレゼンスライドの作成練習

 練習　効果的なオンライン講義のコツ

スライド 1～4

スライド 1（タイトル）
タイトル：効果的なオンライン講義のコツ
Thomas Ballatore, Ph.D. 2022 年 5 月 18 日
ballatore@1234.university.edu

スライド 2（アウトライン）
オンラインへの移行
- 自宅から快適に参加
- 遠方からも参加可。グローバルな教室
- 物理的な距離を保てる

スライド 3
オンライン講義の悪い例
- 講師の熱意が足りない
- 画像や音声が悪い
- 学生の音声を管理できていない
- 授業の予定が共有されていない

スライド 4
熱意を持って講義しよう
- 学生の集中がもたないことを知っておく
- オンライン講義に学生が慣れていないことも考慮
- はじめの声かけでよい雰囲気を作る
- 講義の予定を学生に伝える

Tips for Teaching Effective Online Classes

Thomas Ballatore, Ph.D.

May 18 2022

ballatore@1234.university.edu

1

Moving online

• Participating from the comfort of home

• Participating from potentially distant locations
 —a truly global classroom

• Physical distancing

2

Poor online teaching

• Low energy teacher

• Poor visuals and audio

• Lack of control of students' sound

• No clear schedule

3

Teach with energy!

• Assume that your students will become bored quickly.

• Assume also that your students are unfamiliar with online classes.

• Create a good atmosphere early with personal greetings.

• Share your lesson plan with students.

4

効果的なオンライン講義のコツ（続き）

スライド5〜8

スライド5
画像を改善

悪い例
- 背後が明るい
- 顔が小さい、位置が悪い
- 背景の角度が悪い

良い例
- 目線の位置にカメラ
- 顔が大きく映るように移動。明るくする
- 背景はシンプルに。発表者に集中できるように

スライド6
画像を改善
- カメラを見ながら話す
- カメラが目線位置にくるようパソコンの設置位置を高くする

スライド7
音声を改善
- PCの音声がマイクに入らないようにイヤホンを使う
- 部屋の外部音に気をつける
- イヤホンとマイクの一体型は安価でよいが、髪や衣服がマイクに触れないように気を付ける

スライド8
学生の音声を管理する
- 全員ミュートで開始する
- 質問はチャット入力または「手を挙げる」機能が使えることが多い
- マイクの注意点を学生に伝える。学生は音声の問題に気づかない場合が多い

A good visual impression
a poor example

a good example

- Lit from behind
- Small, poorly positioned face
- Strange perspectives in background

- Camera is at eye level
- Face is larger and well lit
- Background is uniform, focused on speaker

5

A good visual impression

- Try to look into your camera often when speaking.

- Place your computer higher with the webcam at your eye level.

6

Improving audio

- Use an earphone. No audio from your computer into your microphone.

- Ensure that your room is free of background noise.

- An earphone and microphone set is an inexpensive solution; avoid the microphone brushing against your hair or clothes.

7

7

Controlling students' sound

- Start with everyone muted.

- For questions, use the chat function to enter questions or use the raise hand function.

- Share microphone advice with students, often unaware of sound problems.

8

8

スライド 9～10

スライド 9
計画通りに行う
- 長く話しすぎたり授業を延長したりすると学生は興味を失う
- 講義開始時に提示した概要通りに行う
- 質問や休憩の時間を適宜に取る

スライド 10
よい授業を行ってください

プレゼンテーションスライド（スライド 9～10）

Sticking to your schedule

- Talking for a too long time on a single topic or running over time will discourage your students.

- Stick with the outline you presented at the class start.

- Be flexible. Allow for questions and breaks.

9

9

Memo　キーワードの発音を練習しておく──発音を調べるお薦めサイト

　プレゼンスライドや原稿に登場する分野のキーワードは、すべて発音を調べて練習しておくことが大切です。発音を調べられるサイトを使って、何度もくり返し練習しましょう。

imaging（画像化）：「イメージング」ではなく「イミッジング」

methane（メタン）：「メタン」ではなく「メセイン」。「セ」は th（ティーエイチ）で舌を噛みながら後ろに引き抜く

fungi（菌類）：「フンギ」ではなく「ファンガイ」または「ファンジャイ」

発音を調べるお薦めのサイト（2022 年 6 月現在）

Forvo（https://ja.forvo.com/）　様々な国のネイティブによる発音を調べられる

YouGlish（https://youglish.com/）　指定した単語を含む動画を調べられる

Dictionary.com（https://www.dictionary.com/）　英英辞書で発音を調べる

プレゼン資料の表現集

❿プレゼン前

［座長による発表者の紹介］

● 次の発表者は〜さんです

Let me introduce Mr./Ms. _____ （発表者の姓）.

It is my great pleasure to introduce Mr./Ms. _____.

The next presentation will be given by Mr./Ms. _____.

The next speaker will be Mr./Ms. _____.

● 〜さん、お願いします

Mr./Ms. _____, please go ahead.

Mr./Ms. _____, please.

［座長へのお礼］

Thank you, Mr./Ms. Chairperson.

Thank you, Mr./Ms. _____ （座長の姓） for your kind introduction.

［聴衆へあいさつ］

● みなさん、こんにちは

Good morning/afternoon/evening, ladies and gentlemen.

Hello, everyone.

● 本日はよろしくお願いします

It is my great pleasure to be here.

I'm glad to be here.

❶タイトルスライド

● IP を使ったスマートグリッド温度制御システム

Smart Grid Temperature Control System Using IP

● IP で効率を上げる

Improving Efficiency Using IP

[原稿]

● 本日のテーマは〜です

Today, I would like to talk to you about _____ （タイトル）．

I'm going to talk about _____ （タイトル）．

The topic I would like to discuss today is _____ （タイトル）．

I am here to talk about _____ （タイトル）．

I came here today to talk about _____ （タイトル）．

The topic of my presentation is _____ （タイトル）．

❷アウトライン （省略可）

● 本日の内容

1. 開発システムの概要

2. 実験

3. 結論

4. 今後の課題

Outline

1. System configuration

2. Our experimental results

3. Our findings

4. Future tasks

[原稿]

● 本日のプレゼンでは、はじめに〜を話し、次に〜、次に〜、そして最後に〜を話します。

In this presentation, I will first talk about _____, and then _____, and then _____. Finally, I will talk about _____．

● 最後には、プレゼンのまとめを行い、今後についても話します。

Finally, I will briefly summarize my presentation and also talk about my future plans.

- 本プレゼンでは、＿＿＿ と ＿＿＿ と ＿＿＿ を扱います。
  This presentation covers ＿＿＿, ＿＿＿, and ＿＿＿.

- 〜についてみなさんにお見せします。
  We/I will share ＿＿＿＿ with you.

- このプレゼンを聞いていただければ、＿＿＿がわかります。
  By the end of my presentation, you will understand ＿＿＿＿＿.

- このプレゼンを聞いていただければ、＿＿＿＿の利点がわかります。
  After my presentation, you will be able to understand the advantages of ＿＿＿＿.

- このプレゼンはあなたが〜することに役立ちます。
  This presentation will help you ＿＿＿＿ （〜する、を表す動詞）.

- プレゼンの途中でも質問があればお願いします。
  Please feel free to ask questions during the presentation.

- 質問は最後に受け付けます。
  Please hold your questions to the end of the presentation.

❸スライド3〜必要枚数：自由に内容を組み立てる

- 開発ソフトウェアの特徴
  - リアルタイムでデータを視覚化して監視
  - 充実した警告機能
  - 手操作または予約でのモード切り替え
  - 過去データとグラフ化された傾向を記録用に作成

Our software solutions:
- Visualization and monitoring of real-time data
- Powerful alert functionality
- Changing modes manually or by schedule
- Creation of data logs and graphical trends for reporting

[原稿]

● 開発ソフトウェアの特徴は次の通りです。リアルタイムにデータを視覚化して監視できます。また、充実した警告機能を備えるため、異常を発見したら即座にユーザーに警告を発します。また、ユーザーは手操作または予約でモード切り替えが可能です。さらには、分析の後、過去データとグラフ化された傾向を記録用に作成します。

Our software solutions are as follows. We aim to visualize and monitor real-time data. Our software has powerful alert functionality, which detects any abnormal conditions and then alerts users immediately. Our system allows users to change modes either manually or by schedule. After analysis, the system creates data logs and graphical trends for reporting.

❹まとめ・今後のスライド

● 結論

● 複数のセンサーの搭載によりリアルタイムな情報の入手が可能に
● 工程を監視でき、問題が生じたらすぐに対応可能
● 高レベルの品質管理をサポート

Findings

● Sensors to provide access to real-time information
● Monitoring processes, reacting quickly to problems
● Support high levels of quality control

[原稿]

● 結論をお話しします。

I would like to summarize my talk.

I will share our findings with you.

● 結論として、プレゼンのポイントをまとめたいと思います。

In conclusion, I'd like to summarize the main points of my presentation.

I would like to finish my presentation by summarizing the main points of my presentation.

Now, let me summarize my presentation.

Let me summarize my points.

- ～（例：我々のシステムにより業務が効率化する）という結論で締めくくりたいと思います。

I'd like to conclude that (our system will enable more efficient operations).

- 終わりに、～です。

To conclude, _____.

To end this presentation, _____.

To finish this presentation, _____.

- 生産サイクル中に複数のセンサーによってリアルタイム情報が提供されることで工程を常時監視でき、早期に問題に対応できます。本システムにより、高度な品質管理が可能になります。

Sensors provide real-time information in the production cycle, enabling constant process monitoring for quickly responding to potential problems. The system supports high levels of quality control.

❺ Thank you スライド

[原稿]

- ありがとうございました。

Thank you.

- ご静聴ありがとうございました。

Thank you for your attention.

- ご質問いただければ幸いです。

I would welcome your questions.

❻プレゼン後

[座長による質疑応答の指示]

● ～さんありがとうございました。質疑応答に移ります。質問はありますか。

Thank you, Mr./Ms. _____（発表者の姓）for an interesting presentation. It is now open for discussion. Do you have any questions?

[質問者の当てかた（対面の場合）]

● そちらの方、お願いします。

（目と手で合図をして）Please.

● そちらの女性／男性、お願します。

（目と手で合図をして）That lady/gentleman, please.

● そちらの赤いシャツの女性の方、お願いします。

That lady in a red shirt, please.

● 眼鏡をかけている男性の方、お願いします。

The gentleman with glasses, please.

● 前のほうに座っているそちらの男性、お願いします。

That gentleman in front, please.

● 後ろの席の男性、お願いします。

That gentleman in the back seat, please.

＊複数名が手を挙げていて、特定する必要がある場合には、状況に応じて描写する。

[質問者の当てかた（オンラインの場合）]

● Mr. ____, please go ahead with your question.

（～さん、ご質問をどうぞ。）

● You can unmute yourself and ask questions or send your questions to the meeting chat.

（ミュート解除して質問いただくことができます。または、チャットで質問を送っていただいても結構です。）

［質問者による質問］

● 私は XY 社の〜です。

I am _____ _____（姓名）from XY Corporation.

● プレゼンをありがとうございました。

Thank you for your interesting presentation. / I enjoyed your talk.

● 〜についてもう少し説明していただけますか。

Can you explain more about _____?

Can you elaborate on _____?

　　* elaborate on ... ＝〜について詳しく説明する

● スライド番号 X を見せてください。

Can I see your slide number X?

　　*スライド番号を言うときは slide number X のように番号の前に number を
　　付けるか、序数で the first slide（スライド 1）, the tenth slide（スライド
　　10）などとする。

● スライド番号 X において、グラフにより〜が示されました。あなたは〜であ
るという考えですか。

On your slide number X, the graph shows _____. Do you think
_____?

● 3 枚目のスライドをお願いします。

Slide number 3, please. または The third slide, please.

● あなたがこの研究を選んだ理由は何ですか？

What motivates you to study this? / What has motivated you to study this?

● この研究において最も難しい点は？／商品開発で最も難しい点は？

What is the most difficult part of your study? / What is the most difficult
part of product development?

［発表者による質疑応答時の表現］

● 質問をもう一度お願いできますか。（質問が理解できなかった場合）

Can you repeat your question? / Could you repeat your question, please?

● もう少しゆっくり言っていただけますか。

I'm sorry, but could you speak more slowly?

◉〜という質問でしたか。（質問の意味を確認したいとき）
Are you asking that _____?
I believe your question is _____.

●説明できていますか。（私の説明でわかりましたか／私の説明で大丈夫ですか）
Is that clear to you?
Is that okay?

●（このことが）答えになっているとよいのですが。
I hope this answers your question.

●その件については、わかりません。（質問はわかるが、答えがわからないとき）
I don't have the information now. Let me contact you later.（情報をもち合わせていません。後で連絡をさせてください）
I'm sorry but I don't have the answer to that question right now.（申し訳ありませんが、その質問への答えをもち合わせていません。）
That is a challenging issue. I will think about it. Thank you.（難しい問題です。考えておきます。ありがとうございます。）
＊質問の答えがわからない場合であっても、I don't know.（知らない）を避けて応答しましょう。

●今後は〜をする予定です。
We plan to ___.

［質問者による質問回答への応答］

●わかりました。ありがとう。
I got it. Thank you.

●なるほど、わかりました。
That makes sense.
That makes sense to me.

●情報をありがとうございます。
Thank you for the information.

● 詳しく説明してくれてありがとう。

Thank you for your detailed explanation.

● そのテーマについてよくわかりました。ありがとうございました。

I now understand the topic better. Thank you.

● なるほど。そうなんですね。（相手の言ったことを繰り返して確認する。以下の例の下線部分を参考に）

> 質問者：Where does this salt on the brick come from?（レンガ上のこの塩はどこから来ているのですか。）

> 回答者：Salt can come from the environment. The brick also contains salt.（塩は環境にも存在しているのですが、レンガにも含まれています。）

> 質問者：<u>Salt can come from the environment, but the brick also contains salt.</u> I see. Thank you for the information.（塩は環境にも存在しているのですね。またレンガにも含まれている。なるほど、よくわかりました。）

［座長による質疑応答の指示］

● 質疑応答を終わります。～さんありがとうございました。

Now we need to close the session. Thank you, Mr./Ms. ＿＿＿＿＿（発表者の姓）.

● 再度、発表者の方に感謝の気持ちを示しましょう。

Let's thank the speaker again.

● 再度、～さんに感謝の気持ちを示しましょう。素晴らしいプレゼンをありがとうございました。

Let's thank Mr./Ms. ＿＿＿＿＿ for his/her wonderful presentation.

❼その他

［自己紹介する］

● 私の名前は～です。

I'm XX YY. / My name is XX YY.

● 私の所属は XY 会社の XX 部門です。

I'm in the XX department at XY company.

I'm from the XX department of XY company.

◉〜を開発しています。
We develop ____.

◉〜を研究しています。
I study/research ____.

[研究テーマを説明する]

◉私（私たち）の研究は〜です。
My (Our) study focuses on ____.（具体的に：タイトルを読み上げてもよい）
We have been focusing on ____.

◉私（私たち）の研究の目的は〜です。
The aim of our study is to ____.（研究の目的）

◉〜を目的として、〜を行いました。
To solve ____, we ____.（〜するために、〜した。：目的と具体的に何をしたかを言う）

❽オンライン会議の場合の表現集

　オンラインでの学会発表や会議が増えてきました。オンライン会議では発表者以外は基本的にミュートになっているため、発表者は機器が上手く動作しているか、声は聞こえているか、といった点を確認する場面があります。オンラインならではの一言を練習しておくと便利です。

◉画面共有できていますか。
Am I sharing my screen all right?

◉画面共有します。見えていますか。
I'm sharing my screen. Can you see it?

◉私の音声はきちんと聞こえていますか。
Can you hear me well?

◉私の音声は大丈夫ですか。
Can you hear me ok?

◉聞こえるようになりましたか。
Can you hear me now?

● 私の顔が見えていますか。
  Can you see me now?

● これでどうですか。
  How is this?

● 少し良くなりましたか。
  Is this better?

● はい、聞こえます。
  Yes, I can hear you.

● はい、見えています。
  Yes, I can see you.

● OK になりました！
  There we go.

● 自分のネット環境が悪いためかもしれません。
  That might be my internet connection.

● ご不便かけてすみません。
  I'm sorry about that.

● ミュートになっていますよ。
  I think you are on mute.

● ミュートになっていると分かりませんでした。
  I didn't realize I'm on mute.

● 動画がブツブツ切れているようです。
  You're breaking up. / The video is a little choppy.

● 固まっています。
  Your video is frozen. / You're frozen.

● 画像が何度も固まるのですが。
  Your video keeps freezing.

● 音声は聞こえるのですが、動画が固まっています。
  I can still hear you but the video is frozen.

● 再度入り直してもよいですか。
Let me call in again.

● 上手くいかないので Zoom を使ってもいいですか。リンクを送ります。
Should we use Zoom instead? I'll send you the link.

● 後ろで音がしているようです。
I hear some background noise.

● 音声が悪いようです。雑音があります。
I hear some static noise.

● 機器が上手くいきません。
I have some technical problems.

● 接続が悪いです。
The connection is bad.

● 受信状態が悪いです。
The reception is bad.

● もう少し大きい声で話してください。
Can you speak up?

● マイクに向かって話してください。
Can you speak into the microphone?

● 退出します。
I'm leaving.

Memo 実務で使える動詞への変換

want → aim/need, try → attempt/plan,
make → develop/design/fabricate

　主観的な単語やカジュアルな単語を研究発表（プレゼンテーション）などの実務で使える動詞に置き換えましょう。品位の高い正式な英語に早変わりします。置き換えに使う動詞は、口頭でのプレゼンテーションに限らず、論文や報告書でも使用が可能です。

■「〜したい」に **want** ではなく **aim** や **need** を使う
We want to ⇒ We aim to

● 本研究は分析に使用するダストコアの磁気特性の取得を目的としています。

× In this study, we want to determine the magnetic characteristics of the dust core used for analysis.

○ In this study, we aim to determine the magnetic characteristics of the dust core used for analysis.

○ We need to determine the magnetic characteristics of the dust core used for analysis.

○ This study aims to determine the magnetic characteristics of the dust core used for analysis.

■「〜する予定」に **try** ではなく **attempt** や **plan** を使う
We try to ⇒ We attempt to または **We plan to**

● 現在、静電噴霧による g-C_3N_4 薄膜の作成を試みている。

△ Currently, we are trying to deposit g-C_3N_4 thin films by electrostatic spraying.

○ Currently, we are attempting to deposit g-C_3N_4 thin films by electrostatic spraying.

■「〜を作る」に **make** ではなく具体的な動詞を選ぶ
make ⇒ 具体的な動詞に変更。一例：develop（開発する）**, design**（設計する）**, fabricate**（製作する）

● 交流電子負荷を制御できる装置を開発し、その装置を使って縮小実験法の妥当性を検証する予定です。

△ In the future, we will make a device that can control the AC electronic load and verify the validity of the scaled-down experiment method with the device.

○ We plan to develop a device that can control the AC electronic load and verify the validity of the scaled-down experiment method with the device.

＊学生による提供例文

Message to You

プレゼン準備で話せる自分を作り込めば、
英語が話せるようになる

　どうすれば英語が話せるようになるかという質問を受けることが多くあります。英語を知っていてもなかなか使えるようにならないのは、練習が足りないためです。英語を話す機会がないから練習できないと思うかもしれませんが、一人でも練習ができます。英文を組み立てて自分で発話することが有効です。「英作する」→「話す」を地道にくり返すことで、英語の組み立てが早くなります。そうすると、英語が少しずつ話せるようになってきたと感じることができます。

　特に、プレゼンテーションの原稿を作った上で、それを自分の言葉として自分の中に取り込むことが有効です。自分の技術に関するプレゼンであれば「原稿を覚える」ことを超えて、まるでその場で組み立てて話しているように英語が口から出てくるようになります。逆に、事前に準備していない英文をその場で作ろうとすると、焦ってしまい上手く組み立てられないことがあります。話したい内容についての英文を事前にできるだけ多く組み立てておきます。

　筆者が指導した大学生や高専生は、原稿を作成してプレゼンが上手くできるようになりました。「プレゼン本番で上手くいった。準備したことで、英語が話せるように演じることができた」という声が聞かれました。同時に、「質疑応答に移ったとたんに上手くいかない」という声も聞かれました。「英語を話せるよう演じたために、質疑応答の質問が多く出た」という嬉しい悲鳴で、「質疑応答で英語が話せないのが露呈した」とのことでした。ここでも事前の英作が大切です。そこで、質疑応答に上手く答えるためには、できるかぎりに質問を予測して原稿を作成しておくように伝えました。予測した質問を沢山作っておいた結果、「いくつかの質問に答えられた」「準備していたので落ち着いて応答できた」という学生からの報告がありました。

　事前準備と練習については、日常や仕事の上での会話でも同じことです。話す相手が決まっている場合、全く予測不能な話題に発展することばかりではなく、ある程度、話題が予測できます。仕事の話をするのであれば、製品の話、

競合相手の話、コストの話、など話題の予測がつきますので、それに合わせた質問や話題を十分に英語で準備しておくことが重要です。また、ホットな話題や時事問題についても、関連する記事を読んで内容を準備しておくことができます。そして相手のペースに巻き込まれないよう、自分で話題をコントロールします。そのためには話題を準備し、自分で話し続けることが重要です。

　組み立てた英文を一人で発話する際、スマートフォンのボイスメモに録音するとよいでしょう。または録画をして口の動きを見ることも有効です。そして自分の発話をチェックします。聞き取りにくい発音はないか、大きな文法の誤りをしなかったか。誤っているところがあれば、次の機会のために修正します。そして練習をしながら、少しずつ話を膨らませます。ときには事前に作らなかった英文もその場で加えます。そうすることで、話せる話題が少しずつ増えていきます。

　発音がわからない場合には、ツールを使うことも可能です。ツールの一例は、単語レベルで発音を確認できるサイト（p. 121 参照）に加えて、例えば翻訳ソフト Google 翻訳（https://translate.google.co.jp/）や DeepL（https://www.deepl.com/translator）の音声読み上げ機能も活用できます。また、テキストの読み上げサービスのサイト（例：NaturalReader, https://www.naturalreaders.com/）を利用することもできます。

1. 読み上げ用の原稿を作成する。
2. 原稿を Google 翻訳や DeepL に入力して、音声の読み上げを利用し、それを真似て繰り返し発音する。

　左下のマイクのマークをクリックすれば、自動で読み上げてくれます。

　なお、Google 翻訳や DeepL を使用する際には、入力したデータがどのようにシステム上に保管されるか不明であることにも留意をしましょう。未発表の機密情報には使用することを控えましょう。

　英語での口頭発表の原稿を作り、それを発話して練習するというプロセスを通じて、英語が少しずつ話せるようになります。一夜にして英語はできるようにはなりませんが、少しずつ、自分の話せる話題が広がり、頭の中での英文の組み立てが早くなり、話せるようなってきた、と感じることができます。

Unit 5

報告書
Report

　報告書（Report）には様々な種類があります。製品や技術の実現可能性に関する報告書、プロジェクトの進捗報告書、調査報告書や試験報告書など。

　報告書は提出先を明記し、特定の読み手に向けて作成します。技術的内容を理解する人ばかりでなく、例えば管理部門など、技術に馴染みがない人が読み手になる場合もあるので、専門知識のない読み手にも平易で効率的に読めるよう工夫します。

事実を平易で的確に伝える報告書作成のために
●専門家・非専門家の両方の読み手に向けて平易で簡潔な書き方で次のことを伝える。
　☑何を解決するために、何を行ったか。
　☑わかったことは何か、わからなかったことは何か。
　☑改善に向けた提案は何か。
●「過去形」と「現在完了形」で既に行ったことを報告する。
●改善提案（Recommendations）を現在形で伝える。

報告書のスタイル

❶タイトルページ

報告書の目的を表す簡潔で明快なタイトル

Feasibility of Improving Remote Sensing Efforts in Myanmar
Ichiro Tanaka, Ph.D.
Department of Remote Sensing, Rimosen University
April 20, 2022

❷報告書の範囲

作成者氏名、組織名、日付

Terms of Reference

The project aims to (1) determine the feasibility of using satellite images for monitoring deforestation activities in Myanmar and (2) suggest improvements in the Myanmar government's approach, Geographical information system (GIS) mapping to detect logging activities. This report outlines a series of challenges faced by the government followed by a set of recommendations to tackle these challenges.

報告書の対象読者、報告書の目的と方法を一段落に短く。
The project aims to や The purpose of this report is to の
書き出しが典型例。専門家でない読者に向けて書く

Main Challenges — ❸背景

長い報告書はこの間に目次をおいてもよい

Whereas anti-deforestation efforts in Myanmar will greatly benefit from increased use of remote sensing technology, the country faces four main challenges.

報告書の目的を詳述する。テーマについての限界や問題点
も含める。表題「背景」は Background など自由

Challenge 1: Internet and power supply

Satellite image files can often be as large as about 1 GB. Accessing such large files requires a fast and stable Internet connection. Slow Internet and power cuts affect the ability to process such large files.

Challenge 2: Clouds

In the highland areas where deforestation is most problematic, persistent cloud cover can be seen during certain seasons. Optical remote sensors will have a limited role.

Challenge 3: Size of targets

Illegal logging is difficult to detect. In Myanmar, such logging often occurs on the sub-hectare scale and is difficult to detect from space with standard satellites. High resolution images are preferred but are often expensive.

Challenge 4: Changing nature of targets

Also, illegal logging is an activity that is short-term at least relative to licensed logging. This requires the monitoring authorities to keep frequent lookout for changes that may indicate illegal activities.

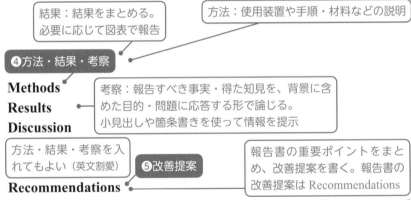

結果：結果をまとめる。必要に応じて図表で報告

方法：使用装置や手順・材料などの説明

❹方法・結果・考察

Methods

Results

Discussion

考察：報告すべき事実・得た知見を、背景に含めた目的・問題に応答する形で論じる。小見出しや箇条書きを使って情報を提示

方法・結果・考察を入れてもよい（英文割愛）

❺改善提案

報告書の重要ポイントをまとめ、改善提案を書く。報告書の改善提案は Recommendations

Recommendations

To address these challenges and to improve the effectiveness of remote sensing-based monitoring efforts, we have the following recommendations.

Recommendation 1: Use a download manager for large files.

Temporary loss of power and Internet connectivity are problems when downloading large files used in geospatial work. During the training program, three or four incidents occurred when the power suddenly went out, stopping our Internet access. Although the outages were typically short (5–10 minutes), we lost our Internet connection. Government staff noted that this happens frequently when downloading files. I suggest they use a download manager such as DownloadThemAll! for Firefox (free), which allows users to resume interrupted downloads.

Recommendation 2: Extend high-speed Internet access to all offices.
Whereas some offices have high-speed connections, many of the trainees located in more remote or poorly funded agencies have slow connections. The country is now connected to fast fiber-optic cables that allow for world-class download speeds. The infrastructure is already in place, and distant offices need contracts with providers.

Recommendation 3: Use Sentinel 2 images.
The main sensor used in Myanmar now is Landsat, which is free and readily available. However, Landsat is limited to 30 m resolution. Distinguishing small-scale illegal logging activities from simple tree falls has been difficult. We recommend the use of ESA's Sentinel 2 sensor. The spatial resolution is 10 m—an advantage over Landsat. With the high temporal resolution (every 6 days), and as a free product, Sentinel 2 will be an alternative to Landsat for commercial, high-resolution images.

Recommendation 4: Consider starting an Unmanned Aerial Vehicles (UAV) program.
Given the high cost of high-resolution images and the issue with Landsat and even Sentinel 2, the government should consider beginning tests with Unmanned Aerial Vehicles (UAVs, or more commonly, drones). One common type of UAV, a fixed-wing UAV, can be used by a worker in the field. The worker can hand-launch the UAV to fly above a forest to which illegal logging is suspected. Some models have a range of up to 100 km and can capture images with resolutions of up to 3 cm. One highly recommended model is the E384. This model flies autonomously and can be fitted with a long-

range telemetry radio and visible and infrared cameras. Special software is needed to process the images. Considering that they fly below the typical cloud deck and can be used at almost anytime, the advantages are overwhelming. A fleet of 5 of these, along with software, can be purchased for approximate $25K.

Acknowledgments ● ― 必要に応じて謝辞を含める（英文割愛）

References ● ― 参考にした文献があれば適切に列挙する（英文割愛）

Appendices ● ― 補足の資料があれば付記に提示する（英文割愛）

＊本報告書は、T. Ballatore 氏の協力を得て例示目的にて作成したものです。

参考和文

ミャンマーにおけるリモートセンシングの改善可能性

田中一郎、Ph.D.

リモセン大学、リモートセンシング学部

2022 年 4 月 20 日

報告書の範囲

本プロジェクトの目的は、(1) 衛星で撮影した画像からミャンマーの森林破壊活動を監視するプロジェクトの実現可能性を探ること、(2) ミャンマーにおける伐採活動の検知を目的としたミャンマー政府による「GIS マッピング」の改善提案を行うことである。本報告書では、ミャンマー政府が直面している数々の課題を概説し、解決に向けた提案を行う。

主な課題

リモートセンシング技術の活用はミャンマーの森林破壊防止に役立つことが期待できるが、主に 4 つの課題がある。

課題 1：インターネットと電力供給
衛星からの画像ファイルは 1GB 程の大容量となることが多く、大容量ファイルにアクセスするためには高速で安定したインターネット接続が

必要である。インターネットが低速であったり、停電が生じたりすると、大容量ファイルの処理に影響が出る。

課題2：雲
森林伐採が最も多く行われる高地は特定の季節には雲で覆われた状態となるため、光学式遠隔センサーでは検知の限界がある。

課題3：伐採活動の規模
違法伐採の発見が困難である。ミャンマーでの違法伐採はサブヘクタール単位で行われることが多いため、一般的な衛星で宇宙から検知することは難しい。高解像度画像が望ましいが、コストが増す場合が多い。

課題4：伐採活動の状況変化
許可された伐採と比較して、違法伐採は短時間で行われる。そこで、違法活動が示唆される動きの有無を当局が頻繁に監視する必要がある。

提案
これらの課題に対処し、リモートセンシングによる監視の効果を高めるために以下の提案を行う。

提案1：大容量ファイルにはダウンロードマネージャーを使用すること
地理空間の作業に使う大きなファイルをダウンロードする際には、一時的な停電やインターネットの切断が問題となる。研修プログラムの途中で突然停電になり、インターネットへのアクセスができなくなったりしたことが3,4回あった。通常5〜10分程度の短い停電時間であったが、インターネットが切断された。ファイルのダウンロード中に問題が起こることが多いと政府職員により指摘された。そこで、中断したダウンロードを再開できる DownloadThemAll! for Firefox（無料）他のダウンロードマネージャーを使うことを提案する。

提案2：すべての事業所で高速インターネット接続を利用可能にすること
一部の事業所では高速接続が利用できるが、遠隔地や資金が十分でない機関の研修生においては接続環境が悪い場合が多い。現在、国内で世界水準のダウンロード速度を可能にする高速光ファイバーケーブルへの接

続が可能となっている。インフラは整備済みであり、遠方の事業所では
プロバイダー契約が必要である。

提案3：Sentinel 2 の画像を使用すること
ミャンマーでは、Landsat（ランドサット）という無料で利用可能なセン
サーが現在主流となっている。しかし、Landsat の解像度は30mであり、
小規模な違法伐採活動と単なる倒木を見分けることは困難であった。そ
こで、ESA の Sentinel 2 センサーの使用を薦める。Sentinel 2 センサー
の空間解像度は 10m で Landsat よりも高い。高時間解像度（6日毎）で
無料の Sentinel 2 は、商用の高解像度画像を得るために Landsat に代え
て利用できる。

提案4：無人航空機（UAV）プログラムの開始を検討する
高解像度画像は高価であり、かつ Landsat や Sentinel 2 に問題があるこ
とから、無人航空機（UAV、一般的には「ドローン」と呼ばれる）を使った
試験の開始を政府は検討すべきである。一般的な UAV の一種である固
定翼の UAV は現場の作業員が使用できる。作業員は、UAV を手動運転
して違法伐採の疑いがある森林上空を飛行させることができる。モデル
によっては、航続距離最大 100km、解像度 3cm までの画像を撮影でき
る。推奨モデルの一例は E384 で、自律飛行可能で、長距離遠隔測定無
線機と可視・赤外線カメラを搭載できる。画像の処理には特別なソフト
ウェアが必要となる。一般的な雲層下の飛行が可能で、おおむね常時使
用できるという利点がある。ソフトウェアと合わせて5機を約2万
5000 ドルで購入できる。

Point 1 無生物・人のいずれかの主語、適切な動詞を選び、結論・推論を述べる

①無生物が主語

> 我々のデータ・調査・実験・知見・他によると、
> 〜が〜であることがわかった／〜が〜であると考えられる

主語：Our investigation（調査）、Our data（データ）、Our finding（知見）、Our experiment（実験）、他に Simulation（シミュレーション）、Modeling（モデル化）、This（このこと）

動詞：demonstrate（実証する）、reveal（明らかにする）、indicate（示す）、suggest（示唆する）

Our investigation/data/finding/experiment

    demonstrates that _____.（〜が〜であることを）【実証できた】

    reveals that _____.【明らかになった】

    indicates that _____.【示された】

    suggests that _____.【示唆された】

※動詞 demonstrate, reveal, indicate, suggest の後には「〜が〜である」という主語と動詞を使った that 節を置くほかに、名詞を置くことも可能。

● 我々のデータによると、海洋による二酸化炭素の取り込みは 20 年前に比べて減っていることが示されている。

Our data suggests that the uptake of CO_2 by the ocean is less than that of 20 years ago. ＊that 節を配置

Our data suggests less uptake of CO_2 by the ocean than that of 20 years ago. ＊名詞を配置

②人が主語

> ～と考えた

We **conclude** that _____. 【～と結論付けた】
  have concluded that _____.
  observe that _____. 【～を観測した】
  have observed that _____.
  expect that _____. 【～と予期している、考えている】

● 海洋による二酸化炭素の取り込みは 20 年前に比べて減っていると結論付けた。

We conclude that the uptake of CO_2 by the ocean is less than that of 20 years ago.

③動詞で結論・推論であることを明らかにする

> ～は～であると思われる

_____ seem(s)/appear(s) _____.

● 海洋による二酸化炭素の取り込みは 20 年前に比べて減っているようだ。

The uptake of CO_2 by the ocean seems to be less than that of 20 years ago.

④副詞で結論・推論であることを明らかにする

> ～は～であると思われる／～であることは明らかである／特記すべきである

Possibly, _____. 【～の可能性がある】
Clearly, _____. 【明らかに～である】
Notably, _____. 【～は特記すべきことである】

● 海洋による二酸化炭素の取り込みは 20 年前に比べて減っていることは特記

すべきである。

Notably, the uptake of CO_2 by the ocean is less than that of 20 years ago.

Memo 英文法：to 不定詞は起こって欲しくないことへの使用を控える

　「〜することにより、〜する」といった因果関係を to 不定詞で表すことがあります。to 不定詞は「これから起こる未来のこと」を表すという理解に加えて、「起こると期待すること」に使うと理解します。「起こることが望ましくない」内容には、基本的に、to 不定詞ではなく別の表現を使います。

例：人間の活動により、多量の温室効果ガスが自然由来の大気中のガスに加わり、温室効果を高め、地球温暖化を加速している。

×Human activities add enormous amounts of greenhouse gases to naturally occurring gases in the atmosphere <u>to increase</u> the greenhouse effect and global warming.

　「温室効果を高め、地球温暖化を加速する」は望ましくない。to 不定詞ではなく、「and でつなぐ」「文末分詞構文を使う」「関係代名詞の非限定用法を使う」のいずれかに変更するとよい。

改善案 (1)　and に変えてそのままつなぐ

Human activities add enormous amounts of greenhouse gases to naturally occurring gases in the atmosphere <u>and have increased</u> the greenhouse effect and global warming.

改善案 (2)　文末分詞構文を使う

Human activities add enormous amounts of greenhouse gases to naturally occurring gases in the atmosphere<u>, increasing</u> the greenhouse effect and global warming.

改善案 (3)　関係代名詞の非限定用法を使う

Human activities<u>, which</u> add enormous amounts of greenhouse gases to naturally occurring gases in the atmosphere, <u>have increased</u> the greenhouse effect and global warming.

Point 2 文書作成のステップを守る

　対象となる読み手に内容がすばやく届くように、内容と構成を練ってから報告書を作成します。書き始める前のステップ、また書き終わった後のブラッシュアップとフィードバックが重要です。複数のステップを経て、読み手に内容が伝わる適切な報告書へと仕上げます。

ステップ1 報告書の目的を理解する
提出先と提出理由を明確にし、報告書に求められる要件を確認する。

ステップ2 情報を集め、含める情報を選択する
要件に照らして必要な情報を集める。

ステップ3 情報の並べ方を決める
- 章立て、章内の項目、項目内のパラグラフのアウトラインを決める。適切な見出しと小見出しを検討する。
- 各パラグラフ内のセンテンスを並べる際の順序を、時間順、空間順、重要度順のほか、概要から詳細へ、「知られているもの」から「知られていないもの」へ、「何」から「どのように」へ、から選ぶ。

ステップ4 内容を再度精査する
- 含めるべき情報を精査し、取り組む課題に応答する結論を固める。

ステップ5 執筆する
簡潔・明確に書く。章・項目・パラグラフを次の順で書く。
- 各章、各項目、各パラグラフのそれぞれに「トピック」を決める。
- トピックを詳しく説明していく。キーワードがあれば定義する。
- 伝えるべき主張に対して証拠となる情報を提示する。提示した情報がどのように各主張をサポートするかを説明する。

書き手の主張が読み手にとって論理的か、読みやすいか、課題に応答する内容が記載できているかを確認する。読み手の視点に立って報告書を読み直す。

ステップ7　提出する

ステップ8　フィードバックを得る
提出先、読み手からのフィードバックを得て、次の報告書の改善につなげる。

> **Memo　用語で迷ったら Google Ngram Viewer で決めよう**
>
> 　用語の選択を迷ったときにお薦めなのが Google が提供するサイト NgramViewer（https://books.google.com/ngrams）です。Google Books に収録されている書籍から単語を検索し、出現頻度を年代と共にグラフ化してくれるものです。似た単語の出現頻度を年代と共に比較でき、用語の選択に役立ちます。
>
> 　例えば「鉄共振」を表す ferro resonance が ferroresonance（1 語）または ferro-resonance（ハイフンでつなぐ）のいずれが多く使われているかを調べてみましょう。
>
>
>
> 検索結果（2022 年 1 月時点）
>
> 　1 語の ferroresonance が問題なく使えることがわかりました。ハイフンの有無だけでなく、異なる用語や表現を比較することで Google Books に収録されている書籍での出現頻度を参考にして、より一般的でよい表現を選択できます。

報告書の作成練習

 練習

オンライン研修プログラムの評価報告書

2022 年 3 月 31 日

NB 社顧問

ジョン・スミス博士

要約

　オンライン研修担当者として、「スプレッドシートの活用に関するオンライン社員研修の実施」というプロジェクトに携わってきた。プロジェクトの最終報告を行う。

報告書の範囲

・プロジェクトの目的

　各種スプレッドシートの機能を紹介するオンライン研修の整備を行った。複数モジュールからなるオンライン研修でスプレッドシートを紹介し、アプリケーションと利用可能な各種パッケージについて説明した。学生向けの 2 種のパッケージがあり、一方は Microsoft Excel で動作し、他方は Google Sheets を利用する。試作データベースでは、選択したパッケージの各種機能を利用できる。

　本オンライン研修は、スプレッドシートの作成方法、データの収集方法、統合的な確認によるデータ品質の確保、報告書の作成方法について学生が学べるように構成されている。

・作業範囲

　次の課題を担当した。

ⅰ．研修関連の要件（プログラム、設計、構造、資料、頻度）について、プロジェクト担当者および他チームのメンバーとの調整を行った。

ⅱ．オンライン研修の全体的な調整役として、データ担当者との連絡係を務めた。

ⅲ．MOOC（大規模オープンオンラインコース）に類似したスプレッドシートの使用に関するオンライン研修とガイドブックの開発を担当した。

ⅳ．各モジュールで使用する動画の撮影と後の編集の監督を行った。

ⅴ．オンライン研修プログラムの事前テストのためのフィードバックと
　提案システムを実施した。
ⅵ．プロジェクト担当者に提出する研修プログラム評価報告書の作成を
　担当した。

**活動のまとめ——研修の開発から撮影、編集、プラットフォームへのア
ップロードまで**

・研修の開発
　表計算の経験を有するデータ担当者が中心となり、プロジェクト担当
者が率いるチームの協力を得て開発に取り組んだ。設計段階にて電話会
議やメールでの打ち合わせに参加した。

・撮影
　主要な研修ビデオの撮影は、2021 年 11 月 1 日〜15 日に NB 本社で
行った。照明の良好な会議室を確保した。NB のスタッフが参加しやす
い場所で行うことができた。
　会議室は北向きであり、窓の遮蔽機能（調整可能）が備わっていた。そ
のため、画像の照度を微調整でき、天候の変化や時間帯によらず均一な
映像を得ることができた。
　撮影中に問題になったのは、廊下の騒音であった。会議室は防音設計
ではなかったため、一日中、人の声や荷台の通る音が聞こえていた。録
音への影響を最小限に抑えるために、指向性の高いマイクをデータ担当
者に向け、周囲音に対する角度は 90 度に設定した。

・編集
　2021 年 12 月〜 2022 年 1 月に動画の編集を行った。編集工程は円滑
に進んだが、撮影時に会議室でグリーンスクリーンを使用したため、色
補正が必要であった。今後はグリーンスクリーンを必要としない場所で
撮影を行うことを薦める。

・プラットフォームへのアップロード
　Google クラウドプラットフォームの仮想マシンで動作するオープン
ソースソフトウェアを使用した。約 1000 人の受講生を想定し、高性能
な仮想マシンを使用し、日々のバックアップを設定し、独立したウェブ

サービスでバックアップインスタンスを実行した。

　研修の設計とプラットフォームへのアップロードは標準的な手順に従い、Moodle で行った。NB の担当者がコースの内容を確認し、コメントした。

結論と検討事項

　研修全体は無事終了し、登録者の研修修了率も非常に高かった。

　研修前の Google フォーム登録者数が当初の予想を大幅に上回ったため、システムへの高負荷やクラッシュ時の対応が懸念された。プロジェクト担当チームとの打ち合わせにより、システム全体を独自にバックアップすることを決めた。

　主要データベースの自動バックアップを念のため 6 時間ごとに実施し、独立した場所（Web サービス上）に保存するよう設定した。実際はシステム性能に問題が生じることはなく、バックアップを使用することはなかった。

　Microsoft Excel と Google Sheets の両方について、オンラインフォーラムが研修生に人気があった。オンラインフォーラムでは、スタッフに質問をしたりプラットフォームの問題を指摘したりできることに加えて、参加者同士で議論することが容易にできた。

　終了時のアンケートでは、研修プログラムへの高い満足度（94％）が全般的に示された。オンサイトでの研修結果（76％）と比較して良好な結果となり、今後の研修プログラムの企画時にはオンライン学習を視野に入れる可能性が出てきた。

Evaluation report on online training program
John Smith, Ph.D.
Consultant, NB Corporation
March 31, 2022

Summary

This report is the final output of my work under the project titled Implementing Online Learning Tools to Train Staff in the Use of Spreadsheets, for which I served as a Training Program Expert for the Online Training Course.

Terms of Reference

Objectives of the Assignment

My assignment focused on the development of an online training program that showcased the functionalities of various spreadsheet programs. The online training program included several modules, beginning with an introduction to spreadsheets, their application, and the various packages available. Two packages are available for students—one on Microsoft Excel and the other using Google Sheets. A prototype database was used to cover all the various features within the chosen package.

The online training program was designed for students to learn how to build spreadsheets, collect data, ensure data quality through integrated data checks, and create reports.

Scope of Work

My responsibility was to perform the following tasks:

i . Coordinate with the Project Officer and other Team Members on training-related requirements—its program, design, structure, materials, and frequency;

ii . Act as the overall coordinator for the online training course and directly communicate with the Data Scientist;

iii. Develop web-based training and guidebook on the use of the spreadsheets similar to a massive open online course (MOOC);

iv. Oversee the filming and subsequent editing of videos to be used in each module;

v. Undertake a feedback-and-suggestions system for pre-testing the online training program; and

vi. Provide training program evaluation reports to the Project Officer.

Summary of Activities—from the development of the course, filming, editing, and uploading to the platform

Development of the course

The course was developed mainly by the Data Scientist with spreadsheet experience in cooperation with the team led by the Project Officer. I took part in several teleconferences and e-mail discussions during the formation phase.

Filming

The main course videos were filmed at NB Corporation headquarters from 1-15 November 2021. NB Corporation secured a meeting room with good external light for filming during the whole period. The location allowed convenient access to NB staff.

The room faced north and had adjustable window shades. This allowed us to finely control the illumination in the videos and to achieve a uniform product despite changes in weather outside as well as time of day.

The only issue we had during filming was sound from the hallway. The room was not designed to be soundproof, and voices and carts were heard throughout the day. To minimize the impact on recording, I used a highly directional microphone pointed toward the Data

Scientist and at 90 degrees to the ambient sounds.

Editing

All the videos were edited between December 2021 and January 2022. The editing process proceeded smoothly, although one challenge was to correct the colors for the green screen that was used in the meeting room for filming. For future work, we suggest to set up the filming in a location that does not require a green screen.

Uploading to the platform

For the online course, I used open source software running on a Google Cloud Platform virtual machine. For the expected enrollment of about 1000 trainees, I used a high-performance virtual machine, set up daily backups, and ran a backup instance on the independent Web Services.

Building the courses and uploading to the platform used Moodle, following the standard procedure. The NB team checked the course contents and provided comments.

Conclusion and Lessons Learned

Overall, the courses were completed successfully. The completion rates achieved by registrants were exceptionally high.

With the number of registrants in our pre-course Google Form growing much larger than originally expected, I became concerned about the system ability to handle high loads and potential crashes. After meeting with the project team, we decided to maintain an independent backup of the whole system.

To prepare for potential problems, I set up automated backups of the key databases to run every 6 hours and to be stored in an independent location (on the Web Services). Fortunately, we never had an issue with system performance and never needed any of these backups.

The online forums for both Microsoft Excel and Google Sheets courses proved to be popular with trainees. The forums offered an easy way of discussing topics with their peers as well as to ask questions of staff and to point out problems with the platform.

Overall, the final exit survey of trainees showed high (94%) satisfaction with the training program. This compares favorably with onsite training (76%) and indicates that staff may prefer online learning for future training programs.

＊本報告書は、T. Ballatore 氏と筆者により例示目的にて作成したものです。

I

5

報告書

報告書の表現集

❶タイトルページ

Progress Report （進捗報告書）
Analytical Report （分析報告書）
Feasibility Report （実行可能性報告書）
Evaluation Report （評価報告書）
Progress report on ＿＿＿＿＿＿＿ （〜の進捗報告）
Analytical report on ＿＿＿＿＿ （〜の分析報告）
Evaluation of ＿＿＿＿＿ （〜の評価）

● 自動運転技術の評価に関する報告
  Evaluation of Autonomous Driving Technology
● ABC プロジェクトの進捗報告
  Progress report on ABC project

❷報告書の範囲

The scope of this report is to provide an overview of ＿＿＿＿＿.
本報告書の目的は、〜の概要を説明することである。
The purpose of this report is to provide an overview of ＿＿＿＿＿.
本報告書の目的は、〜の概要を説明することである。
This report was submitted in response to ＿＿＿＿＿.
本報告書は、〜に応答して提出したものである。

● 本報告書は、複数の変数と発電装置の電圧安定性との相関関係を分析することを目的としている。
  The scope of this report is to analyze the correlations between multiple variables and the power system voltage stability.

● 本報告書の目的は、大学で講義と実験をオンラインで行うことの利点と欠点

を説明することである。

The purpose of this report is to discuss the strengths and weaknesses of lectures and experiments conducted online at university.

● ABC プロジェクトの進捗について、技術部門の部長からの要請により提出した。

A progress report on the ABC project was submitted in response to a request from the General Manager, Technical Department.

● メンタルヘルスの改善に利用できる人型ロボットの適用範囲、機能、主要な特徴の概要を述べる。

This report provides an overview of the scope, functions, and main features of our humanoid robots to be used by individuals to improve their mental health.

● 本報告書では、ハイブリッド車、電気自動車、燃料電池車にリチウムイオン電池による充電式エネルギー貯蔵システムを適用した成功例の概要を報告する。また、リチウムイオン電池を使った環境にやさしい公共交通バスの開発と実施に取り組んだ他国のプロジェクトの成功例についても報告する。

The purpose of this report is to provide an overview of the rechargeable energy storage systems using lithium ion batteries (LIBs) that were successfully used in hybrid, electric, and fuel cell vehicles. The report also discusses the successful programs in other countries that developed and demonstrated environmentally friendly public transport buses using LIBs.

This report presents _____.
本報告書では、～を報告する。
This report outlines _____.
This report provides an overview of _____.
本報告書の概要は、～である。
_____ was/were examined.
～を検討した。

● 本報告書では、2022年2月に開始したABCプロジェクトの進展における最新の進捗状況を報告する。

This report presents the latest progress in the development of ABC project, which was started in February 2022.

● 燃費を減らして交通効率を改善するためのハイブリッド電気自動車のスピード最適化戦略を確立する研究について報告する。

This report describes research undertaken to establish the speed optimization strategies for hybrid electric vehicles (HEVs) to reduce fuel consumption and improve traffic efficiency.

● 独自の最適化アルゴリズムを使って、制約付き非線形問題を解決し最適速度を得た。シミュレーションによると、提案の戦略によりハイブリッド電気自動車の燃費の削減と交通量の改善が可能になることが示された。

Our unique optimization algorithm was used to solve the nonlinear constrained problem and obtain the optimal target speeds. Our simulations demonstrate that the proposed strategy can successfully reduce the fuel consumption of HEVs and improve traffic.

❸背景

● 近年では、有害物質を住宅の建材や接着剤等への使用を抑える取り組みがなされている。

Recent efforts have focused on reducing the use of hazardous substances in building materials and adhesives.

● 都市部の交差点での信号がハイブリッド電気自動車のエネルギー消費に大きな影響を与えるため、都市部の道路においてはスピードの最適化が必要である。

Traffic lights at intersections in urban areas greatly affect the energy consumption of hybrid electric vehicles (HEVs), requiring speed optimization in urban road conditions.

● 潤滑油は、耐熱性に優れ、かつ、低温環境下においても流動性を発揮することが求められる。

Lubricants require high heat resistance and flowability in low temperature environments.

● 自社の接着剤のほとんどは、非極性ベースポリマーが使用されているため、極性基材への接着力が弱い。

Most of our adhesives use non-polar base polymers and have weak adhesion to polar substrates.

● 当社の特殊電極の中国市場への参入のために、中国で使用できる材料の安定した確保が必要である。

To allow our special electrodes to successfully enter the Chinese market, we need a steady supply of materials in China.

● 当社の強みは材料のブレンドであり、当社製品はマクロスケールでの高い均一性が求められる。一方で、表面および界面における微視的な機械特性についてこれまで十分に理解できておらず、微視的な相の分離が製品の機械特性に悪影響を与えることがある。本報告では、製品の機械特性を AFM（原子間力顕微鏡）を使って評価する技術の利用可能性を調べた。

One of our core technologies is material blending, and our products require high uniformity on the macro scale. Due to our limited understanding of the microscopic mechanical properties of surfaces and interfaces, phase separation on the micro scale can degrade the properties of our products. This report investigates the feasibility of our technology to evaluate the mechanical properties of products using atomic force microscopy (AFM).

❹方法・結果・考察

_____ show _____.
〜は、〜を示している。
Our finding demonstrates that _____.
今回の結果からわかることは、〜であった。
Further studies are required to clarify the mechanisms of _____.
〜のメカニズムを明らかにするために、さらなる調査が必要である。

● 競合他社の製品 A と当社製品 B を用いて工場での試験を行った。その結果、A は今回の問題解決に効果的な原料を使用していることがわかった。

Our factory examinations of a competitor's product A and our product B reveal that the product A uses an effective material for solving the problem.

● 本四半期において、今後の実験を容易に行えるように運用上の問題を明らかにし、また基礎データの取得を行った。

In this quarter, we have identified the operational problems and collected basic data to facilitate experiments in the future.

● 研究開発チームは、高温安定性が高く塗布量の制御が可能な油性（water-free）離型剤の開発を行った。アジア諸国（中国、ベトナム、フィリィピン）では、自動車部品がダイカストで製造されており、競合 XY 社の離型剤 T が主に用いられている。今回の開発品 A, B はそれに対抗しうるものである。試験の結果を表 1 にまとめる。

Our development team has developed water-free die lubricants with high temperature stability and controlled applicability. In Asian countries (China, Vietnam, and the Philippines), automotive parts are manufactured using die-casting predominantly using the die lubricant T (XY company). Our die lubricants A and B have the potential to replace this competitor's product. Table 1 summarizes the test results.

❺結論：改善提案

● バッテリーの再利用：バッテリーの再利用と二次利用の方法を開発することにより、バッテリー費用を抑えること、また電気自動車に重要なリチウムの利用可能性を最大化することができる。政府機関によって、リチウムの再利用とその希少材料の節約を目的としたバッテリー再利用プロジェクトを設立することが推奨されている。

Battery Recycling: Developing processes for recycling batteries and for secondary use of batteries will reduce the battery cost and maximize the availability of lithium critical for our electric vehicles. The governmental agencies should also establish a battery recycling program to reuse lithium and save the scarce material.

●研究開発チームにおいて、当社製品 B の材料の改善および費用対効果のより高い代替案を模索することが推奨される。

Our R&D team should focus on improving the material for our product B and also should continue to explore more cost-effective alternatives.

I
5

報告書

Memo 「昨今」を表す recently と nowadays の時制

　「昨今、〜である」という場合に、recently と nowadays を時制に合わせて使い分けます。recently は現在形と一緒に使うことができず、現在完了形または過去形と一緒に使います。現在形を使いたい場合には nowadays を使います。

例：昨今、エネルギー不足が深刻な問題となっている。
○ Nowadays, energy shortage is a serious problem.
　　※ Nowadays は Now と同義に考え、時制は現在形。
　　× Nowadays, energy shortage has become a serious problem.
○ Energy shortage has recently been a serious problem. / Energy shortage has been a serious problem in recent years.
　　※ recently / in recent years は今のことではなく最近のことのため、時制は現在完了形または過去形が正しい。現在完了形がお薦め。

Message to You

「その結果～となる」を表す result in, lead to の
使い道は間接的に表現したいとき

報告書や論文で「その結果～となる」という表現を使う場合があります。
result in ... や lead to ... が頭に浮かぶかもしれませんが、ここで一歩立ち止まります。これらの表現は、続く単語を名詞形とする必要があるので文が複雑になること、間接的な印象となることが欠点です。

result in / lead to が使える場合と控えたほうがよい場合についてまとめます。

● **result in / lead to を控える場合**
例：夏場はパソコンルームの室温が上がる。その結果、室内の機器類の温度が過度に上昇することがある。
△ In summer, the temperature rises in the PC room. This may result in overheating of the equipment.
△ In summer, the temperature rises in the PC room. This may lead to overheating of the equipment.

上記の英訳は正しい文ではありますが、一歩立ち止まり、result in / lead to を使わない表現も検討します。語数が減り、組み立てやすくなります。
○ In summer, the temperature rises in the PC room. This may overheat the equipment.
○ In summer, the temperature rises in the PC room, overheating the equipment.

result in / lead to が使えるのは主に次の2つの場合です。

● **「主語」と「結果」の間が間接的な関係の場合**
例：夏場はパソコンルームの室温が上がる。その結果、機器類が故障することがある。
○ In summer, the temperature rises in the PC room. This may result in breakdown of the equipment.

○ In summer, the temperature rises in the PC room. This may lead to breakdown of the equipment.

「パソコンルームの室温が上がる」と「機器が故障する」の間には情報の飛びがあるため、This may break the equipment. のように直接的に「壊す」と表現することができません。そのような関係の場合には result in / lead to を使うことが可能です。
　一方、cause は因果関係が直接的な場合でも間接的な場合でも使えます。

○ In summer, the temperature rises in the PC room. This may cause overheating of the equipment.

○ In summer, the temperature rises in the PC room. This may cause breakdown of the equipment.

●因果関係を明示せずにぼやかす必要がある場合

　例えば「不祥事が起き、それを報告しなければならない」といった場合を考えます。「行為者を明示したくない」「因果関係をはっきりと言い切りたくない」または「言えない」ときには result in, lead to が上手く使えます。

例：コミュニケーション不足により、今回の不祥事が起こった可能性がある。

○ The lack of communication may have resulted in the inappropriate conduct.

○ The lack of communication may have led to the inappropriate conduct.

　このように、報告書では原因と結果が「間接的」である文脈や関係を意図的にぼやかしたい場合に result in / lead to を使うことができます。result in / lead to の後ろは名詞を置いて使用します。逆に、「因果関係がはっきり言えない」「言いたくない」場合を除くと、result in / lead to ではない別の直接的な表現を選択するほうが、読みやすい文になります。

専門的な実践技術文書

技術者必見の専門技術文書

　技術開発において**「提案書」**の果たす役割は重要です。すべての技術は企画を練り、「提案書」を提出することからはじまります。そして、技術が確立して製品が完成したら、製品の使い方や保守点検の方法他を記載した**「マニュアル」**が必要になります。次に、**「仕様書」**で製品に課すべき要件を明記します。また、製造から販売に至るまで、組織間での取引には各種**「契約書」**を使います。そして、新規で独自の技術を公表する**「論文」**を適時に作成します。論文で発表することで、新規な技術のオリジナリティーを有することを記録に残し、かつ技術に興味を抱いてくれる協力者を探します。

　Part **II**では、技術製品にまつわる専門的な実践技術文書を扱います。技術製品の開発と製造、販売に深く関わる専門的な技術文書の数々を理解することで、的確に業務を進めることができます。

Unit 1　提案書	技術・アイディアの企画を売り込む
Unit 2　マニュアル	製品の使い方などの手順説明
Unit 3　仕様書	製品が満たすべき要件を記述
Unit 4　契約書	他の組織との取り決めを記述
Unit 5　論文	新規な独自技術を論じて発表

Unit 1

提案書
Proposal

　提案書（Proposal）では、問題を解決するための技術やアイディアを売り込み、「受け入れ」または「拒絶」の応答を得ます。どのような製品・技術もプロジェクトの提案からはじまります。そこで、提案書は重要な役割を果たします。**力強く明確に書くこと、実現可能性を含めて具体的な内容を書くこと**が大切。プロジェクトの時間的流れや予算も含めます。提案書は、読み手となる提出先の要求に合う分量と内容で作成します。

説得力のある提案書にするために

☑力強く簡潔な表現で主張が伝わるように書く。

☑効果的な見出しにより、「背景と問題定義⇒具体的な解決法⇒対コスト効果」の全体構成と各項目の内容が一読してわかるように書く。

☑強い意志を表す助動詞 will や行為者を明示する主語 we も使って能動態で書く。

提案書のスタイル

Proposal for an Automatic Driving Controller for Escalators

❶表題

Proposal for _____（提案内容）より具体的な Sales Proposal for _____（〜の販売提案）や Proposal to develop _____（〜の開発に関する提案）なども可

長い提案書は冒頭に目次（Table of Contents）を追加

要約文（Abstract や Summary）も追加可

Background や Introduction, Problem Statement も可。また Our Automatic Solution といった具体的なタイトルも可

プロジェクトの主題と目的、背景の簡潔説明。会社紹介も

Overview of Proposal ❷背景と解決すべき問題

Escalators and autowalks constantly consume power regardless of whether they are being used or not. Automatic driving controllers can reduce power use by automatically controlling escalators and autowalks and driving an escalator or autowalk upon detecting the presence of a user. Thus, these controllers can save energy and costs.

Our escalators and autowalks together constitute a share of 60% in the domestic market. We received a Minister's Prize from the Ministry of Economy, Trade and Industry in 2020 for our technologies associated with escalators that stop moving to save power when not being used.

Photoelectric posts are installed between the two sides of the transporting area to detect the presence of users and automatically start driving.

プロジェクトが解決しようとする問題を明示する（自発的な提案書の場合）。RFP ＝ Request for Proposal（提案依頼書）(p. 175) に応答する提案の場合には RFP の要求に合うことを強調

Project Plan ● ❸問題解決のための提案内容

Some escalators and autowalks have less use at certain times of the day. Our automatic driving controller automatically stops driving an escalator or autowalk when not being used, potentially saving 50% of the energy.

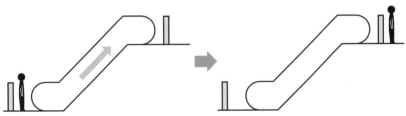

Fig. 1. Installing Photoelectric Posts for Detecting Users

The escalator starts driving when a user passes by the post installed at the entrance and stops driving when the user passes by the other post at the end.

Installation of the system will be complete within three months after your order. To facilitate correct installation, the procedure includes examining how many people will use the escalator or autowalk at different times of the day.

具体的な計画

助動詞 will を使って予定を示す

Timeline

We will install the system at the conclusion of the system development, followed by several test runs with necessary changes.

Table 1

Description	Complete
1. Planning	April 4, 2022
2. Simulation	May 20, 2022
3. System Development	June 24, 2022
4. Installation	August 8, 2022
5. Test runs	September 22, 2022
6. Any necessary changes to the system and delivery	October 6, 2022

Qualifications ← ❹具体的な計画

Description of Personnel 人材

We are a strong and solid team including

- an experienced project manager
- a mix of young and senior researchers
- accurate financial management personnel

Facilities and Equipment 設備

（詳細割愛）

他にも Experience of Organization（組織の実績や経験）を含めてもよい。
例：Prior Successful Projects（過去に成功したプロジェクト）や Current and Past Projects（現在・過去のプロジェクト）、Awards and Recognition（受賞・表彰歴）

コストと利点。利点は冒頭の「背景」部分に対応させて目的を再度記載。利点がコストを上回ることを示す。プロジェクトが与える影響にも触れる

Costs and Benefits ← ❺コストと利点を含めた締めくくり

We will simulate the savings against the costs by investigating the use of the escalator or autowalk at different times and determining appropriate control.

Simulation example:

For a pair of escalators (up and down) with a power of 10 kW, our simulation of their use may reveal that they should be driven under automatic control from 10:00 to 18:00, thus reducing the total number of operating hours by 30%.

Escalator power: 10 kW/unit × 2 (up and down) = 20 kW
Hours for automatic driving: 8 hours/day × 365 days/year = 2,920 hours/year
8 hours/day: 10:00 to 18:00

Load factor: 50%
Total estimated reduction in operating time: 30%

Reduction in electricity consumption: 20 kW × 0.5 × 2,920 h/year × 0.3 = 8.760 (kWh/year)

Initial Costs (simulated):

Item	Cost
Equipment	JPY 1,000,000
Installation	JPY 750,000
Maintenance (test runs)	JPY 750,000
Total	JPY 2,500,000

The estimated annual electricity saving reveals that the initial cost is expected to be recovered within about 5 years, followed by actual electricity cost savings. Thus, the benefits provided by our controller exceed the costs.

Thank you. ← 読んでくれたことへのお礼

ABC Corporation ← 巻末には References（参考文献リスト）や Appendix（付記）を追加可能。データシート、参考にした記事、推薦状など。複数の付記には Appendix A などと符号を付す

Phone: 075-666-7777
Fax: 075-666-8888 ← 連絡先
Webpage: www.abc.com
Email: info@proposal.com

エスカレーターの自動運転装置導入のご提案

提案の概要

　エスカレーターや動く歩道は、利用者の有無に関わらず常に電力を消費している。センサーで利用者を感知し、自動的に運転を開始や停止する自動運転制御装置を設置して使用電力の削減を図ることにより、省エネと省コストが可能になる。

　当社は、国内のエスカレーターおよび動く歩道の市場シェアの60%を占める。利用者がいないときに停止制御を行って省電力化を実現する機能が評価され、2020年には経済産業大臣賞を受賞した。

　移動エリアの両側に光電ポストを設置し、利用者を感知して自動的に運転を開始する。

提案内容

　エスカレーターや動く歩道によっては、1日の内、使用回数が減少する時がある。弊社の自動運転装置は使用しない時に運転を止めることで最大50%の省エネが可能になる。

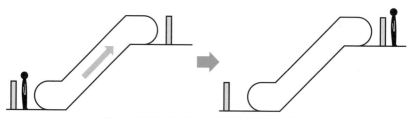

図1：利用者を感知する光電ポストの設置

　利用者が入口に設置されたポストを通過するとエスカレーターは運転を開始し、出口のポストを通過すると運転を停止する。
＊発注から設置までの期間は3ヶ月。適切に設置するため、エスカレーター・動く歩道の時間帯別利用者数の調査を実施する。

予定
　開発ののち、システムの設置を行い、数回の試運転と調整を行う。

表1

内容	完成日
1. 企画	2022 年 4 月 4 日
2. シミュレーション	2022 年 5 月 20 日
3. システム開発	2022 年 6 月 24 日
4. 設置	2022 年 8 月 8 日
5. 複数回の試運転	2022 年 9 月 22 日
6. 最終の調整と納品	2022 年 10 月 6 日

適格性

人材

　経験豊富なプロジェクトマネージャー、若手とベテランの両方の研究者、正確な財務管理者からなる強力なチームにて行う。

設備

（詳細割愛）

コストと利点

　シミュレーションを行い、時間帯別の利用状況の調査を行い、適切な制御を決定した上で対コスト効果を確認する。以下にシミュレーションの一例をあげる。

　電力 10kW のエスカレーター、昇り・下りの合計 2 台に適用する場合、利用状況の調査の結果、10 時～18 時に自動制御運転を行うことが適切である。自動運転により運転時間は 30% 減となる。

エスカレーター電力：10kW / 台×2 台（昇り・下り各 1 台）＝20kW
自動制御運転時間帯：1 日 8 時間（10:00～18:00）、365 日 / 年、合計 2,920 時間 / 年

エスカレーター電力負荷率：50%

自動運転による運転時間低減率：30%

電力消費量の削減量：20kW×0.5×2,920 時間 / 年×0.3＝8.760（kWh / 年）

初期設置費用の一例：

機器費用	100 万円
機器設置費用	75 万円
メンテナンス（試運転）費用	75 万円
総額	250 万円

　年間の電力消費量の削減量の見積によると、設置から約 5 年以内に初期設置費用を回収でき、その後は実質的な電気代の削減が可能になる。したがって、自動運転制御装置による利点がコストを上回ると考えられる。

ABC 社
電話：075-666-7777
ファックス：075-666-8888
ウェブサイト：www.abc.com
メール：info@proposal.com

Memo RFP（Request for Proposal　提案依頼書）に応答する提案書

自発的な提案書とRFPに応答する提案書

　提案書には、受注する側が解決すべき問題を示し、自発的に提出するもの（unsolicited proposal）と、発注する側が問題提起をして解決法を募集し、それに応答して提出されるもの（solicited proposal）があります。提案書を募集する文書はRFP（Request for Proposal　提案依頼書）と呼ばれます。

RFPとは

　RFPは商品やサービスの供給者に提案を募る書類。商品・サービスの調達の早期段階において発行され、その開発の目的、予算、スケジュールが記載されます。提案の依頼範囲、発注側と受注側の役割の分担、要求する機能、運用・保守、成果物が具体的に記載されます。

RFPの構成

1. 概要
開発の背景、目的、目標、予算規模、スケジュール

2. 要件
提案を依頼したい範囲、納品成果物、開発の手法、機能要件、運用・保守要件や教育、研修の要件、提案者の体制、募集側の体制

3. その他の連絡事項
考慮すべき検討事項・想定する競合者などの情報

　RFPに応答して提出する提案書では、「背景と解決すべき問題（p. 168 ❷）」は既に定まっています。

　RFPの要求に沿っていることを示すとともに、「問題解決のための提案内容（p. 169 ❸）」と「具体的な計画（p.170 ❹）」に注力して書き、提案者がプロジェクトに適任であると発注側に説得することが重要です。

Point 1 各項目に理解しやすい見出し・小見出しを付ける

　全体の流れがわかる大まかな見出し、魅力的な言葉とともに具体化した詳細な見出し、簡潔な見出し、また限界や必要事項も明示する見出しを戦略に応じて組み合わせます。

①全体の流れを明示する見出し（背景と問題定義⇒具体的な解決法⇒対コスト効果）

Introduction（背景）

Problem Statement（解決しようとする問題）

Project Plan（提案内容）

Qualifications（適格性）

Costs and Benefits（対コスト効果）

②魅力的な言葉を使って具体化した詳細な見出し

※魅力的な言葉の例は p. 177「Memo　提案書で使える魅力的な言葉のリスト」を参照

太陽光発電システムの利点ともたらされる効果、用途

Advantages of our PV system and potential benefits and applications

弊社のシステムの顕著な特徴、他社との比較における利点

Distinctive features of our system and its advantages over others

遺伝子組み換え作物の費用対効果

Costs and benefits of genetically modified food

ユーザーに優しいユーザーインターフェイス

User-friendly user interface

③簡潔な見出しも可能

技術の説明　Technical Approach

期待される結果　Expected Results

平易なアクセス　Ease of Access

④提案する技術の限界や必要事項も明示

障壁とその解決法

Barriers and how they may be overcome

本構想を進めていくための必要事項

What is needed to advance this idea

| Memo | 提案書で使える魅力的な言葉のリスト |

利点・強み

applications　用途

advantages/benefits　利点

distinctive features　際立つ特徴

strengths　強み　＊単数・複数可

impact　影響　＊提案が与える効果

potential benefits　もたらされる効果

costs and benefits　費用対効果

革新的な

innovative　革新的な

advanced　最新の

pioneering　先進的な

～に優しい

user-friendly　ユーザーに優しい

environmentally friendly　環境に優しい

「モノ」と「人」の主語を戦略的に
使って能動態で書く

　提案内容を素早く読ませて採用してもらうためには、力強く明快な書き方をすることが重要です。提案の主題（モノ）を主語にして書くことを基本としながら、人の主語も戦略的に使います。提案書では、特に力強い印象を与えるために主語を工夫して能動態で書きます。

①モノ（提案の主題）を主語にして提案を説明する

●当社のシステムによると、キーワードを使った検索サービスおよびURIによる検索サービスの2種の検索サービスが提供できる。

Our system provides two search services: (a) keyword-based services and (b) URI-based services.

受け身は語数が増えるため避ける

　　×In our system, two search services are provided: (a) keyword-based services and (b) URI-based services.

●提案のシステムにより、ニューラルネットワークにおけるディープラーニングの問題を克服できる可能性がある。

The proposed system has the potential to overcome several problems with deep learning in neural networks.

There is a possibility（～の可能性がある）は、主語から開始できないため情報が出るのが遅い

　　×There is a possibility that the proposed system will overcome several problems with deep learning in neural networks.

②無生物主語（提案の主題）に助動詞 will を加えた書き手の「考え」を説明する

●本案により、e ラーニングのコストが大幅に減ると考える。

The proposed plan will significantly reduce costs associated with e-learning.

may（～かもしれない）は弱い

　　×The proposed plan may significantly reduce costs associated with e-learning.

I believe, I think は個人的意見となってしまう

×I believe that the proposed plan significantly reduces costs associated with e-learning.

×I think that the proposed plan significantly reduces costs associated with e-learning.

We expect は OK

○We expect that the proposed plan will significantly reduce costs associated with e-learning.

③行為者 we の主語と助動詞 will で予定を明示する

● 変形寸法の算出のために、試験チップを使って計測したプロセスパラメーターを使用する。

To compute the modified geometry, we will use process parameters measured using test chips.

受け身は動詞が最後にきてしまう

×To compute the modified geometry, process parameters measured using test chips will be used.

● ユーザーの自宅の接続機器すべてをモニタリングするために、AI システムを構築するためのカスタマイズプログラミングを提供する。

We will provide customized programing to set up our artificial intelligence system to monitor all connected devices at a user's home.

受け身は行為者が誰かわかりにくい

×Customized programing to set up our artificial intelligence system will be provided to monitor all connected devices at a user's home.

④無生物主語で条件「〜すれば」を表して提案の効果を書く

● 本プロジェクトが成功すれば、メンテナンス・サポートのコストが下がる。

Successful completion of this project will reduce maintenance and support costs.

If を使った受け身×2 の複文構造は長い

×If this project is completed successfully, maintenance and support costs will be reduced.

● 本メカニズムの背景にある数学的計算についてより多くの知識が得られれば、より効果的なソフトウェア開発が可能になる。

More knowledge about the mathematics behind the mechanism allows us to develop more effective software modules.

　　If を使った複文構造は長いので避ける

　　× If we can obtain more knowledge about the mathematics behind the mechanism, we will be able to develop more effective software modules.

● 本施設への登録が平易になることで、ユーザーが施設の利用をあきらめる可能性を最小限に減らすことができる。

Simple registration to use the facility minimizes the likelihood that users will be discouraged from using the facility.

　　飛び出す句＋受け身は長いので避ける

　　× By making registration to use the facility simple, the likelihood that users will be discouraged from using the facility will be minimized.

● 2 つの手法が利用可能であるため、標的となる特性を特定できる可能性が高い。

The availability of two methods increases the chance that the target properties will be identified.

　　Because を使った複文構造は長いので避ける

　　× Because two methods are available, the chance that the target properties will be identified increases.

Point 3 利点や特徴をリスト化する

　提案書を目に留めてもらうためには、提案の利点や特徴、効果が読みやすく書かれていることが重要です。句読点、コロンと改行を活用してリスト化しましょう。

● 太陽光発電システムには、次の潜在的利点と用途がある。
　・公共料金の支払いが減る、または支払いがゼロになる
　・家の価値が上がる
　・電力の販売による利益が得られる　　　　　　　コロンで詳細を続ける
The PV system has the potential benefits and applications:
　・Utility fee reduction or elimination　　名詞の形で羅列
　・Improved value of home
　・Earning money by selling generated power

● はしご作業の安全対策のために取るべきステップ
　1. はしごの安全性についての新しい研修プログラムの設計と実施
　2. 研修用のはしごの購入
　3. 在籍社員向けの補講

Steps to Implement Safety Measures against Ladder Use:
1. Design and implement a new training program on ladder safety.
2. Purchase additional ladders for use in the training.
3. Conduct refresher courses for existing employees.

障壁とその克服方法もあれば書く

　提案書の信頼性を確保するために、提案の障壁があれば記載します。障壁に対する克服方法があることも示します。

● 適切な資金提供者がまだ見つかっていない。本提案にかかるシステムの開発には、政府または政府に相当する機関からの資金の提供が求められる。
We have yet to find any appropriate source of funding from any foundation. The funding for the development of the proposed system would need to come from the Government or comparable sources.

● 本研究の需要を満たすための公的資金を得ることで、これらの障壁を回避することができるだろう。

Public funding that meets the needs of this research can bypass these several barriers.

● 提案のシステムサービスを採用する第一の利点は、種々の用途に対してサービスの提供が比較的平易で自由に行える点である。他の重要な利点としては、集約型の知識の管理と知識の共有が平易になることがあげられる。逆に、課題としては、知識のリソースを開発するのに必要な労力とサービスインターフェイスの標準化が必要となる点である。

A primary potential benefit of using the proposed system service is the relative ease and flexibility of the service across various applications. Other important potential benefits include facilitation of centralized knowledge management and knowledge sharing. Conversely, potential challenges include the effort required to develop knowledge resources and the need to standardize the service interface.

| Memo | 単語の選択や文の圧縮で提案をより力強くする──
would よりも will を、bring about や give us よりも deliver を！

企業の技術者向け講座で提案書の英訳を添削しました。

添削コメント1：XX would ... という「行為者＋would」の使用を避け、will に変更することで力強く表しましょう。

×To offer proper output parameters, we would implement an appropriate model in the simulator.
○To offer proper output parameters, we will implement an appropriate model in the simulator.

添削コメント2：イディオム（群動詞）やSVOO構文は避けて、動詞1語の力強い表現を心がけて下さい。

×This project is expected to bring about the following benefits:
×This project is expected to give us the following benefits:

○This project is expected to deliver the following benefits:

添削コメント3：箇条書きの各項目は文章にせず、短縮すると読みやすく
なります。

×
This project is expected to deliver the following benefits:
- Person-hours about inquiries will be reduced by about 10,000 hours/
  year in three years.
- Our robots will be easier to use in the market and we can expand
  sales.

○
This project is expected to deliver the following benefits:
- Cut about 10,000 person-hours for inquiries per year in three years.
- Facilitate use of our robots and expand sales.

単語の選択、表現の選択で提案書が明快に力強い印象になります。

提案書の作成練習

 練習 1　AI を使った最先端スマートハウスの提案

会社紹介

　AIE 社では、最新の機械学習や人工知能（AI）を使った幅広いソフトウェアアプリケーションを提供しています。手作業をなくして効率化を図ることで、お客様の仕事効率を高めることができます。ISO9001（2010 年）、ISO14001（2005 年）を取得しています。

問題

　電子機器の多くにインターネット接続が可能となっている昨今、冷蔵庫、洗濯機、料理器具にいたるすべての家電製品に Wi-Fi 機能が搭載され、相互通信が可能になっています。家にあるすべてのスマート機器に接続して家の所有者が外出先から遠隔操作するという「家の自動化」により、日々のくらしが便利で快適になります。一例として、家の所有者がスマートフォンを使ってテレビ、暖房、照明、アラーム、玄関のドアを制御できます。

　一方、多くのスマート機器は、特定の指示に従って動作するようにプログラミングされています。また、それらスマート機器は、システム内に保存された情報しか提供できません。

提案の目的

　当社のシステムは家にあるスマート機器すべてを接続し、クラウドベースの AI システム「スカイ」を通じてスマート機器を制御します。スカイは、家の所有者のニーズに答えるだけでなく、所有者のニーズを学習することができます。発話による指示を聞き、適宜に質問して確認します。また、疑問が生じた場合にはインターネットに接続して情報を入手します。スカイシステムを通じて、真に対話的なスマートホームを実現でき、より便利で快適なくらしを実現します。

スカイの AI 利用

　スカイは、昨今の AI 分野で最も話題性に富む技術である「機械学習」を利用しています。データの処理分析を通じて、強化学習という方法でスカイは自ら学習することができます。例えば、家の所有者がレストランの営業時間を尋ねて予約を行う場合に、スカイはその情報を記憶します。次に家の所有者がレストランの営業時間を尋ねる時に、スカイはその情報を提供して予約を希望するかどうかを所有者に尋ねます。

　スカイがスマートシステム複数台すべてのインターフェイスとして機能し、各家の所有者とやりとりする集中型システムが提供されます。機械学習を通じて、スカイは家の所有者が何を必要としているかを経験に基づき把握します。全てのスマート機器の動作および家の所有者の習慣や嗜好を調べることにより、問題が起こりそうな時や、変更されたオプションや未実施のオプションがある場合に注意喚起します。

スカイの利用

　スカイの利用を希望する家の所有者が個人プロフィールを設定すると、数日後に担当者が訪問し、次回の打ち合わせの設定や契約・予定の決定を行います。そして、家のすべてのスマート機器の接続を担当する技術者を派遣します。その後、家の所有者は中央制御装置としてスカイを使用できるようになります。スカイはすべての活動を記録します。

　スカイには安全性を確保した専用のサーバーが使用され、個人情報が守られます。スマート機器とスカイの利用時間が長くなるにつれて、学習により、スカイは利用者のニーズを適切に予測できるようになります。スマート機器間で情報が平易に授受され、家庭内のシームレスな IoT が構築されます。声による指示や指でタッチすることにより、制限なくデータが利用可能になります。

　拡張可能なプログラミングにより、スカイは無線ネットワークに接続可能なほとんどすべての電子機器に対応することができます。

スカイのカスタマイズ

　弊社は人工知能システムの設定に必要なカスタマイズプログラミングを提供しています。それにより、すべての機器を管理し、必要に応じて変更を行い、家の所有者とやりとりすることができます。顧客ニーズを満たすために、接続・制御する機器のリストを顧客ごとに作成し、スカイがすべての機器を管理し制御できるソフトウェアを決定します。

コストと利点

　あなたのスマートハウスは、スマートテクノロジーが生活を豊かにすることを示すモデルハウスとなるでしょう。初期設定と運用には若干の費用がかかりますが、その先節約できる時間や日常生活の効率化は、投資費用を上回ります。ご連絡をいただけたらいつでもお見積します。

Proposal for an Innovative Smart Home with Artificial Intelligence

Our Company

The AIE Corporation offers a wide range of software applications based on the latest machine learning and artificial intelligence technologies that allow our customers to enhance efficiency by eliminating manual work and streamlining tasks. We are ISO 9001:2010 and ISO 14001:2005 certified.

Problem

Most electronic devices today are connected to the Internet. All home products, ranging from refrigerators, washing machines, and to cooking devices, now come with integrated Wi-Fi capabilities and can interconnect and communicate. Home automation—connecting all smart devices at home and enabling the homeowners to remotely control them—provides convenience and comfort in everyday life. For example, homeowners can control their TV, heating, lights, alarms, and doors from their smartphones.

However, many smart devices are programmed to operate only in accordance with specific instructions and can provide only the information stored within their own systems.

Our Purpose

Our system links all smart devices in a home and controls them through a cloud-based artificial intelligence system named Sky. Sky not only responds to but also learns from homeowners' needs. Sky listens to their words and asks questions for clarification when needed. Sky also accesses the Internet to find information and answer questions that may arise. Through our Sky system, we will provide a truly interactive smart home to homeowners, enabling an ever-more convenient and comfortable life.

How Sky Uses Artificial Intelligence

Sky uses machine learning—one of the hottest fields in AI today. By processing and analyzing data, Sky can learn through reinforcement learning. For example, if a homeowner asks for a restaurant's hours and then makes a reservation at that restaurant, Sky will remember the information. The next time the homeowner asks about a restaurant's hours, Sky will provide that information and then ask if the homeowner would like to make a reservation.

Sky will interface with all smart systems to provide one central entity for the homeowners to interact with. Through machine learning, Sky will deduce from experience what the homeowners are most likely to need. It will track operations of all smart devices as well as the homeowners' habits and preferences and will alert the homeowners to potential problems and options that have changed or been forgotten.

Using Sky

To use Sky, homeowners will set up personal profiles. We will call you in a few days to set up the next meeting and finalize our contract and schedule. We will then dispatch service personnel to link all smart devices in the home. From then, the homeowners can use Sky as a central control system. Sky will record all activity for future reference.

Sky uses a dedicated and secure server, which protects your personal information. Sky learns and thus will be able to anticipate your needs as you spend more time with your smart devices. Information will flow easily between all your devices, allowing your home to blend seamlessly into the internet of things, where endless data is available with voice commands or at the touch of a finger.

Sky's extensible programming allows it to be compatible with most electronic devices that can be connected with a wireless network.

Customizing Sky

We will provide customized programming necessary to set up our artificial intelligence system to monitor all devices, make changes when necessary, and to communicate with homeowners. To meet our customers' needs, we will compile a list of all devices to be connected and controlled for each individual customer and determine the software needed for Sky to monitor and control them all.

Costs and Benefits

Your smart home will be a showcase for how smart technology can enrich your life. While the system includes some initial start-up and operating costs, you will find that the value of time saved and improved efficiency in your daily life outweighs the small investment. Please feel free to contact us for a personalized quote.

＊本提案書は、T. Ballatore 氏の協力を得て例示目的にて作成したものです。

Memo プロジェクトにおける **goal, objective, target, aim, purpose, scope, outcome, work, task, assignment**

goal	プロジェクトが目指す最終目標。「到達できたかできていないか」のいずれかであり、到達の度合いを測定するものではない。
objective	プロジェクトの goal に到達するための実質的な達成目標。到達の度合いが表せる。
target	objective を満たすための測定可能な目標。例：到達目標値。
aim	goal よりもさらに抽象的。努力して計画的に満たしたい目標。
purpose	行動の理由、動機。
scope	プロジェクトがおよぶ範囲。
outcome	得られる結果。
work	仕事全般。作業。
task	設定された個々の仕事。
assignment	課された個々の仕事。

提案書の表現集

Proposal for ＿＿＿＿＿＿＿ （提案する技術）
Proposal to ＿＿＿＿ （動詞）＿＿＿＿＿＿＿ （提案する技術）
＿＿＿＿＿＿＿ （提案する技術）Proposal　＊短い場合には単語を羅列

● コスト効果の高い工場自動化技術の提案
Proposal for Cost Effective Factory Automation
● 顔認識が可能なロボットの提案
Face Recognizing Robot Proposal
● IoT を使った画期的なスマートホームの開発提案
Proposal to Develop an Innovative Smart Home Using Internet of Things (IoT)

❷背景と解決すべき問題

■技術トピックを主語に背景を淡々と描写
＿＿＿＿＿＿ is ＿＿＿＿＿＿ （〜とは、〜である。）
＿＿＿＿＿＿ has been used / developed （〜が使われてきた / 開発されてきた。）

● AI とは、コンピューターが知的に振る舞うコンピューターサイエンスの領域のことであり、機械学習、ニューラルネットワーク、自然言語処理がある。
Artificial intelligence is the branch of computer science in which computers behave intelligently. Artificial intelligence includes machine learning, neural networks, and natural language processing.

■会社を主語に会社紹介
＿＿＿＿＿＿ manufactures/develops/designs ＿＿＿＿＿＿ （〜社は、〜を製造 / 開発 / 設計する会社である。）
We ＿＿＿＿＿＿＿＿ . （我々は〜を行っている。）

● Solar 社は結晶系太陽電池モジュールの製造業者であり、太陽電池産業における数十年の経験があり、独自の開発アプローチと革新的な製造方法を有している。

Solar Corporation manufactures crystalline solar photovoltaic (PV) modules. We have decades of experience in the PV industry, unique development approaches, and innovative processes.

■ The proposal を主語に提案書の内容を説明

The proposal describes/outlines _____ . （本プロポーザルでは、〜を説明する /〜の概要を説明する。）

● 本プロポーザルでは、感染病の公衆衛生監視およびアウトブレイク管理への数学モデルを使った新しいアプローチの概要を説明する。

The proposal outlines new approaches to public health surveillance and outbreak management using mathematical modeling for infectious diseases.

❸問題解決のための提案内容

The proposed _____ has/have _____ . （提案する〜は、〜を有している。）

Our _____ （具体的な技術・製品）provides _____ .
（当社の〜では、〜を提供する。）

The proposed plan will (significantly) _____ . （具体的な内容）
（本解決法により、〜となる。）

The proposed system has the potential to _____ . （具体的な内容）
（本解決法により、〜となる可能性がある。）

_____ promises better solutions in _____ .
（〜（具体的な主語）によると、〜における解決法をもたらすことが期待できる。）

More knowledge about _____ will/can allow/allows us to _____ .
（〜についてより多くの知識が得られれば、〜することが可能になる。）

> _____ can/will allow us to _____.
>
> （〜により、私たちは〜ができるようになる。）

● 本提案によるシステムは他の AI システムに比較して明快な利点がある。

The proposed system has clear advantages over other AI systems.

● 提案するロボットには 3 つの特徴がある。

1. 顔認識
2. 既知の顔を認識する点に加えて、新規の顔について学ぶ
3. 文字・スピーチによるコミュニケーションを取る

The proposed robot has three main features:

1. Facial recognition
2. Learning new faces while recognizing known faces
3. Text and speech communication

● 既存の技術と比較した提案する結晶技術の利点は次の通りである。

・本システムは他の薄膜技術よりも場所をとらない
・技術は長年を経て立証済み
・半導体材料は豊富にあるため、大量の生産需要に対応可能

The benefits of crystalline technology over existing technologies are as follows:

・The system uses less area than other thin film technologies
・Proven technology over years
・Abundant semiconductor materials to support high volume production demand

● 本プロジェクトに期待されることとして、よりクリーンな環境を可能にする多様な新製品、工程、試験方法の開発があげられる。

Expected benefits of the project include development of diverse new products, processes, and test methods for a cleaner environment.

● ロボットに人間の顔を認識させるために、ロボットの頭部に平均的な大人の頭の高さでカメラを設定する予定である。カメラからの検出信号を使って画像データを作成し、ロボットが異なる人を認識できるように訓練する。

To allow the robot to recognize human faces, we will mount a camera around the head level of the average adult on top of the robot. We will use a detection signal from the camera to produce image data for training to teach the robot to recognize different people.

● ロボットの顔認識が可能になれば、その顔認識を使って新しい顔を学習させる。従来機械学習のアルゴリズムを使った顔認識技術では、2つの段階を必要としている。教師が既知の顔に関する教師イメージを使ってロボットに学習させる工程と、ロボットが学習したデータに基づいて新しい画像に含まれる顔が誰のものであるかを予測する工程である。一方、本提案による手法では、これらの2つの段階を統合することで新しい顔をリアルタイムに認識させる。

Once the robot recognizes faces, we will use the facial recognition to learn a new face. The existing facial recognition applications using machine learning algorithms involve two phases: a supervisor preliminary trains the robot using a set of training images, and then the robot guesses to whom a face in a new image belongs based on the learned data. The proposed application integrates these two phases to allow the robot to recognize new faces in real-time.

❹具体的な計画

We will _____ （～する予定である。）

To _____, we will _____. / We will _____ to _____.
（～のために、～する予定である。）

To implement these, we will need _____.
（これらを実施するために、～が必要になる。

● 予定

10月10日　データを収集し、使用するライブラリを決定する。

10月18日　進捗レポートの期限。

10月27日　収集したデータでアルゴリズムを学習させる。

11月6日　アルゴリズムの評価と見直し。

Timeline

Oct 10: Collect a dataset and decide the libraries to be used.

Oct 18: Progress report due.

Oct 27: Train the algorithms using the collected dataset.

Nov 6: Evaluate and improve the algorithms.

❺コストと利点を含めた締めくくり

The initial costs include _____, _____, and _____.
（初期経費には〜と〜と〜がある。）
The required costs include _____, _____, and _____.
（必要経費には〜と〜と〜がある。）
The estimate of the costs of _____ is _____.
（〜のコストの概算は〜である。）

● 初期費用としては、ソフトウェア代金、ハードウェア代金、システム研修の費用がかかる。

The initial costs include the software purchases, hardware purchases, and the training for the system.

● コスト

提案機器の製造に係る現状のコスト見積もりは 800US ドルであり、機器の年間保守料金の見積もりは 200US ドルである。

Costs

The current estimate of the costs of fabricating the proposed equipment is US$800. The estimated annual cost of maintaining the equipment is US$200.

● プロジェクトの予算

人件費：リサーチコーディネーター$50,000、ソフトウェアエンジニア $300,000

備品・サービス：電話会議用配線 $500、オフィスの備品 $1,000

機器類：ノートパソコン $1,500、プリンター$500

Project Budget

Description	US$
A. Project Personnel	
Research Coordinator	$50,000
Software Engineers	$300,000
B. Supplies and Services	
Teleconference line	$500
Office supplies	$1,000
C. Equipment	
Laptop computers	$1,500
Printer	$500

_____ is likely to _____. (〜は〜である可能性が高い。)
_____ will/would increase/decrease the likelihood of _____.
(〜により〜の可能性が高まる / 低くなる。)

_____ will increase the chance that AA will be BB.
(_____ により、AA が BB となる可能性が高まる。)
_____ will minimize the chance that AA will be BB.
(_____ により、AA が BB となる可能性が最も小さくなる。)

_____ will/would decrease the likelihood of AA being ____ed (受け身).
(_____ により、AA が〜される可能性が減るだろう。)

Successful completion of this project will _____.
(本プロジェクトが成功すれば、〜となる。)

The proposed _____ has clear advantages over _____.
(本提案の〜は〜に比較して明快な利点がある。)

The cost of the proposed _____ is likely to be much smaller than the value of _____.

（本提案の_____にかかるコストは、_____の価値に比べると遥かに小さくなる可能性が高い。）

The proposed system has many potential benefits and applications. Potential benefits include _____, _____, and _____.

（本提案のシステムには多くの利点と用途がある。利点には〜がある。）

- 本提案の装置にかかるコストは、本研究のもたらす価値に比べると遥かに小さくなる可能性が高く、本研究は我が国にとっての純利益をもたらす。

The cost of the proposed equipment is likely to be much smaller than the value of this research, meaning a net gain in value for the country.

- 新しい機器の導入により、現場の作業員が事故に巻き込まれる可能性が減り、作業員による補償金の請求や健康保険の掛け金が不要になる。

The new equipment would decrease the likelihood of construction workers being involved in accidents, eliminating potential workers' compensation claims and health insurance premiums.

Message to You

報告書・論文・提案書の違いと共通点

　新規な技術を扱うという点において、「提案書」と「論文」はよく似ています。例えば「研究論文」は、著者独自の新規な技術を発表する文書です。「研究提案書」は、著者独自の新規な技術を目的の読者に売り込む文書です。次に、**技術を報告する**という点において、「論文」と「報告書」はよく似ています。「論文」は新規で独自の技術の報告、「報告書」は新規とは限らない技術の報告です。つまり、「論文」「提案書」「報告書」は内容も英語表現も似通っています。

　一方、これら3種の文書は、重きを置く箇所が異なります。論文が普遍事実を導き出す一方で、報告書は淡々と事実を報告するという特徴があります。提案書が技術を売り込む一方で、論文はデータに基づき客観的に描写する場面が多くなります。

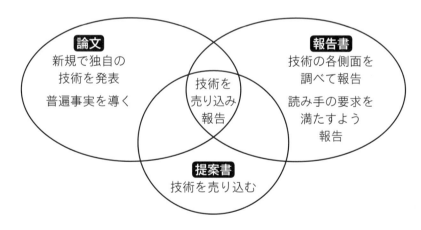

　英語表現には次の違いが生まれます。

自分の手法の記載
例：「この幾何学的方法を使います」
We will use the geometry. （提案書）
　主語 We を使って行為者を示しながら力強く表現。

The geometry is used.（論文）

This study uses the geometry.（論文）

　　受け身で淡々と述べる、または無生物の主語を使う。

The geometry was used.（報告書）

　　受け身かつ過去形で述べる。

意見を書く

例：「本手法により、〜が可能になると考えます」

We expect that this approach will enable ＿＿＿.（提案書・論文・報告書）

　　「〜と考える」に expect that ＿＿＿ will…を使う。

提案書・論文・報告書のすべてに可能。We expect が強いと感じる場合は下
のように無生物主語を使う。

Our data suggests that this approach will enable ＿＿＿.（提案書・論文・報告
書）

A success of this approach will enable ＿＿＿.（提案書）

　　「成功」という表現を出して「プラス」のニュアンスを高める。提案書の典
型的な表現。

This approach will enable ＿＿＿.（論文）

　　無生物を主語に使い淡々と、しかし強い表現で述べる。

例：「本技術には 3 つの利点がある」

The technology offers three advantages.（提案書）

　　動詞 offer を使うことで読み手にアピールする。

The technology delivers three advantages.（論文・報告書）

　　動詞は淡々と力強い deliver を使う。

The technology has three advantages.（提案書・論文・報告書）

　　万能な動詞 have を使う。

　　3 種の文書（提案書・論文・報告書）それぞれに適切な表現を検討するととも
に、重複する部分があることを理解すると、表現の選択時に迷うことが少なく
なります。論文でも「売り込みたい」部分には提案書のような表現を使い、論
文で単なる報告として事実を淡々と述べたい部分は報告書のような文言を使う
ことができます。基本を理解した上で、柔軟に表現を調整することで、適切な
技術文書を作成できるようになります。

Unit 2

マニュアル
Manual

　製品の使い方や部品の交換方法、保守点検の仕方などの手順を説明するマニュアル（Manual）。**読み手が手順に従えるように書きます。**必要な情報が見つけやすく、必要な操作（アクション）が対象となる読み手に伝わるように明確に表現します。

　マニュアルの文体の特徴は、操作を促す**命令文**を使うこと。**明快な動詞を選んで、動詞から文を開始しましょう。**

読み手が迷わないマニュアル作成のために
　　☑操作手順が明確に伝わるように書く。
　　☑具体的な動詞を使った短い命令文で指示を出す。
　　☑過不足なく時間順にそって、読み手が操作手順に従えるように書く。

マニュアルのスタイル

どのような商品のどのようなマニュアルか。
商品名を入れてよい

Lift Chair Model 400 User Manual ●❶表題

表題の各単語の
頭を大文字に

画像や写真・社名

Introduction ●❷導入：各部の名称や稼働に必要な装置の説明、
注意事項や危険事項

Lift Chair Model 400 is designed to both lift and recline with dual-button hand control.

For your comfort and safety,
- Follow the operating instructions. ● 操作を行う前に必要な事項が
あれば短く書く
- Refrain from sitting on the arms.
- Provide enough clearance around the chair to allow it to fully recline without contacting walls or other objects.

⚠ CAUTION ● 注意喚起標識（p. 217 参照）の使用

- Do not permit unsupervised children to operate the chair.

操作手順を示すステップ
を必要な数だけ配置。
平易かつ具体的で
明快な動詞を使う
(p.205 参照)。
画像を入れても OK

見出しの各単語の
頭は前置詞・冠詞
を除いて大文字可

How to 動詞 + 目的語
＿＿ing(動名詞) + 目的語
名詞と動詞の名詞形を羅列

Placement of Lift Chair Model 400 ● ❸手順の見出し

1. Locate your Lift Chair Model 400 near an outlet. Provide a wall clearance of about 20 cm behind the chair.

❹各ステップを明快な動詞で開始

2. Place the transformer on the floor behind the chair.
3. Plug the power cable into an outlet, and your chair is ready to provide service.

番号を振り、各操作ステップに抜けがないよう時間順に記載。
ステップのあとに製品を安全に扱うための注意事項や警告事項も記載

NOTICE

Clean the cushion with common fabric cleaning agents.
Do not use solvents or bleach for cleaning.

Operating Instructions 見出しと各ステップの操作（❸と❹）

1. To recline the back of the chair, press and hold the right button until the back reaches the desired position and then release the button.
2. To return the back of the chair to an upright position, press the left button until the back reaches the desired position and then release the button.

REMEMBER:
Right for RECLINE
Left for LIFT

If you have any questions, please contact us at:
Chair Company ❺製品の製造者の連絡先
Office: 10 Mary Avenue 1122
Factory: 20 North Avenue AA 3344

Phone: 075-666-7777
Fax: 075-666-8888
Webpage: www.chaircompany.com
Email: info@chaircompany.com

読み手が製品に関して困ったときや製品を注文したいときに使える連絡先

リフトチェア **Model 400** ユーザーマニュアル

はじめに

リフトチェア Model 400 は、リフトとリクラインの機能があり、2 つのボタンを使って手動で操作します。

快適で安全な使用のために、次のことを守ってください。

・操作手順に従ってください。

・アームに座らないでください。

・チェアを倒した際に壁などに当たらないように、十分なスペースを確保してください。

注意：子どもだけでチェアを操作しないでください。

リフトチェア Model 400 の設置方法

1. コンセントがあるところにリフトチェア Model 400 を配置してください。椅子と壁の間には 20 cm 程度のスペースを空けてください。
2. トランスをチェアの後ろの床に設置してください。
3. 電源コードをコンセントに差し込めば準備完了です。

注意：クッション部分は、布用汎用洗浄剤を使って拭いてください。清掃時、溶剤や漂白剤は使用しないでください。

操作方法

1. チェアの背もたれをリクライニングするには、右側のボタンを押し続けてください。好みの位置でボタンを放してください。
2. 背もたれを起こすには、左側のボタンを押し続けてください。好みの位置でボタンを放してください。

＊リクラインボタン（右側）とリフトボタン（左側）の別にご注意ください。

ご質問などは次の連絡先へお願いします。

Chair 社

事務所：10 Mary Avenue 1122

工場 : 20 North Avenue AA 3344
電話 : 075-666-7777
ファックス：075-666-8888
URL: www.chaircompany.com
メール : info@chaircompany.com

Point 1 手順説明の見出しは 3 つから選ぶ

　マニュアルでは、各手順が何をするためのものかを明示する見出しをつけます。次の 3 つから選びます。

① **How to** ＿＿＿＿＿（動詞の原形）
② **...ing**（動名詞で開始）＿＿＿＿＿（動名詞の目的語）
③ ＿＿＿＿＿＿＿＿＿＿（名詞を 1〜3 語並列）

①「〜の仕方」を表す「How to ... 」は、マニュアルの典型的な見出しです。
②マニュアルに限らず一般的な見出しとして使えるのが「〜する」を表す 動名詞（...ing）です。直後に目的語を置きます。
③短く表せる内容の場合には、「XX assembly（〜の組み立て）」や「XX setup（〜の設定）」のように名詞の羅列を見出しとします。名詞の羅列は 3 語までが望ましく、長くなる場合には①または②に変更します。

例：
●自転車の組み立て方
　How to assemble your bike
　Assembling your bike
　Bike assembly

●アプリのインストール方法
　How to install the app
　Installing the app
　App installation

●トナーの交換方法
　How to replace toner cartridges
　Replacing toner cartridges
　Toner cartridge replacement

Point 2 平易で具体的な動詞で指示を出す

①命令文は「あなた」に動作を指示する

　マニュアルでは操作を表す「動詞」から文を開始します。Unplug the power cable from the electrical outlet. のように動詞からはじまる命令文を作ります。指示を与える相手「あなた」を主語にした文 You unplug the power cable from the electrical outlet.（あなたがコンセントからコードを抜きます）が元になり、主語を省略したのが命令文の形と理解できます。

②命令文には具体的な動詞を使う

　操作を具体的に頭に描ける動詞を選択することが重要です（マニュアルに使える平易で具体的な動詞は下の③参照）。

● 電源コードをコンセントから抜いてください。

　△ Take off the power cable from the electrical outlet.

　○ Unplug the power cable from the electrical outlet.

　take（＋ off）（取る）よりも unplug（電源プラグを抜く）のほうが、具体的な操作を読み手が頭に描けます。

● 試験管の口にセロファンを付けて輪ゴムで留めてください。

　△ Put a piece of cellophane on the mouth of the test tube. Secure the cellophane piece with a rubber band.

　○ Wrap a piece of cellophane over the mouth of the test tube. Secure the cellophane piece with a rubber band.

　put（置く）よりも wrap（包む）のほうが具体的な操作が伝わります。

③平易で具体的な動詞を使おう

[平易な基本動詞]

置く・配置する・設置する　　place

● ハンドルを充電器に配置してください。

Place the handle on the charger.

　place は使える文脈が多い万能な動詞。put よりも正式でお薦め。

向きや位置を合わせる・調整する　　**align**

● 爪Aをアダプターの溝Bに合わせてください。
Align the tab A with the slot B on the adapter.

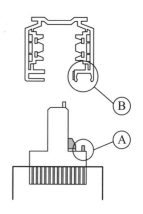

● 複数の固定具を設置する場合には、フックが壁に垂直になるようにそろえることで、各固定具が一列に並ぶようにしてください。
For multiple fixtures, **align** the hooks perpendicular to a wall to ensure all the fixtures will align.

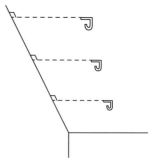

> align は「基準にぴったり合わせる・合う（他動詞・自動詞）」。misalignment は位置ズレを意味する名詞。Check for any misalignment. で「位置ズレがないか確認してください。」

移動する　　**move**

● 清浄作業区域へスパッタコーターを移動してください。
Move the sputter coater to a clean working area.

スライドさせる　　slide

● スイッチをオフの位置までスライドしてください。
Slide the switch to the off position.

取り外す　　remove

● カメラから SD カードを抜き取ってください。
Remove the SD card from your camera.

● 装置の裏面から電気とガスの接続を外してください。
Remove the electrical and gas connections from the rear of the instrument.

● バッテリーボックス支持部をフロントエンジン搭載部に固定しているナットとネジを外してください。
Remove nuts and screws that secure the battery box support to the front engine mount.

> remove は万能。目的語を選ばない。また、ペアになる「取り付ける」の動詞も選ばない。attach, mount, install のいずれでも remove とペアで使用可。

戻す・取り付ける　　replace

● カバーを取り付けて（戻して）ください。
Replace the cover.

> replace は open（開ける）や remove（取り外す）とペアで「戻す」に使用。なお、replace には「交換する・取り替える」の意味もあるため、意味を誤解される場面では使用を控える。(p. 220 Memo)

回転させる　　rotate

● カチッと止まるまでノブを左に回転させてください。
Rotate the knob counterclockwise until it clicks.

● ジャーナルが油で完全に被膜されるまで軸を回転させてください。
Rotate the shaft until the journals are thoroughly coated with oil.

　　　　　＊ journal = ジャーナル（シャフトの軸受け内部で支えられている部分）

> rotate「回転させる」に向きの指示がある場合、「右回り（時計回り）」は clockwise、「左回り（反時計回り）」は counterclockwise。形容詞だけでなく副詞としても使え

るため、「右回りに」「左回りに」に使える。

挿入する　　insert

●ブラシを逃げ穴に挿入してください。
Insert the brush into the relief hole.

●単三電池 8 本を電池室の各区画に記載された向きに合わせて入れてください。
Insert eight AA batteries into the battery holder, oriented as indicated at the battery slots of the battery holder.

insert は幅のあるものを差し込む。

［ペアで使える反対語の動詞］
ネジを締めて固定する／緩めて外す　　screw/unscrew

●固定具をネジ込んで、しっかりと固定します。
Screw the brackets firmly into place.

* bracket = 固定具

●コンピューターの裏側にある 4 本のネジを外してください。
Unscrew the four screws on the back of the computer.

電源プラグを差し込む／抜く　　plug (in) / unplug

●充電器の電源プラグをコンセントに差してください。
Plug the charger into an outlet.

●使用していないときは本装置の電源プラグをコンセントから抜いてください。
Unplug the appliance from the outlet when not in use.

接続する／切断する　　connect/disconnect

●配線を制御盤に接続してください。
Connect the wiring to the control box.

●配線を制御盤から外してください。
Disconnect the wiring from the control box.

始動する／停止する／再開する　　start/stop/restart/resume

● モーターを始動させてください。／モーターを停止してください。
Start the motor. / **Stop** the motor.

● モーターを再度始動させて運転を再開してください。
Restart the motor and **resume** operation.

> start, stop は turn on, turn off と同義。restart は off の状態から再び on にすること。resume は中断していた作業を継続すること。

開ける、開く／閉じる、閉める　　open/close

● 三脚を開いてください。／三脚を閉じてください。
Open the tripod. / **Close** the tripod.

● カバーをもち上げて電池室をあけてください。
Open the battery compartment by lifting the cover.

組み立てる／解体する　　assemble/disassemble

● バルブの解体には、固定具、ロックナット、バルブハンドルを取り外し、本体の蓋を回して外します。
To **disassemble** a valve, **remove** the fitting, lock nut, and valve handle, and **unscrew** the body cap.

● バルブの組み立ては、解体と逆の手順で行ってください。
To **assemble** a valve, reverse the disassembly procedure.

＊ reverse ＝ 逆にする

> assemble, disassemble の名詞形はそれぞれ assembly, disassembly。

［意味が似ている動詞］
固定する　　fasten/tighten/fix/secure

● ネジまたはボルトで工具を作業台に固定してください。
Fasten the tool to the workbench with screws or bolts.

● レンチでボルトとナットを締めてください。
Tighten the bolts and nuts with a wrench.

- 締め付け金具を使ってカバーを固定してください。

  Secure the cover with clamps.

- 部品を定位置にて固定してください。

  Fix the parts in place.

  > **fasten** は 2 つのものを合わせることで、取り外し可能に固定すること。
  > **tighten** は締めつけること。
  > **fix** は所定の場所に永続的に取り付けて、動かないようにすること。
  > **secure** は道具を使って固定すること。締める、緩めるが自在。
  > 　4 つの単語は交換可能な場合もある。

取り付ける　　attach/mount/install

- カバーを本体に取り付けてください。

  Attach the cover to the main unit.

- 前面に LED を取り付けてください。

  Mount an LED on the front panel.

- トランスを水源から離れた壁面に設置してください。

  Install the transformer on a wall away from any water source.

- 配線をブレーカーパネルに敷設してください。

  Install the wiring to the breaker panel.

  > **attach** は取り付け先に「くっつける」イメージ。小さな部品やメインではない部品をメインの部分に取り付ける。detach（取り外す）は attach の逆。
  > **mount** はメインの部品または機器を半永久的に取り付ける、または支持部材などの平面に取り付ける。
  > **install** は小さな部品の取り付けおよび大型機器の据え付けに使う。所定の場所に取り付けることで機能を発揮する場合に使う。

確認する　　ensure / make sure / check / confirm

● スパッタコーターへの電気・水・ガスの供給が停止していることを確認してください。

Ensure that power, water, and gas supplies to the sputter coater are set to OFF.

● 電源コードがアダプターにしっかりと接続されていることを確認してください。

Make sure that the power cable is firmly connected to the adapter.

● すべての油圧ラインコネクターが締まっていて、油圧ホースおよび油圧ラインにすべて漏れがないことを確認してください。

Make sure that all hydraulic line connectors are tight and all hydraulic hoses and lines are leak-free.

● 選択された入力ソースが正しいことを確認してください。

Confirm that the correct input source has been selected.

● モーターが図示された回転方向にて動作していることを確認してください。

Confirm that the motor is running in the rotating direction specified in the drawing.

● 太陽発電アレイが屋根にしっかりと直接固定されているかどうか確認してください。

Check whether the PV array is securely fastened directly to the roof.
Check if the PV array is securely fastened directly to the roof.

● 燃料ラインが緩んでいたり劣化していたりしないか定期的に点検してください。

Check all fuel lines regularly for tightness and wear.

● アダプター、ケーブル、電源プラグが破損していないかを確認してください。

Check for any physical damage to the adapter, cables, and plugs.

> ensure, make sure はいずれも「〜であることを確認する」。
> confirm は再確認。前提事項を確認する。
> check は「〜を確認する（見る）」。check whether（または if）... で「〜かどうかを確認する（見る）」、check for ... で「〜がないかを確認する（見る）」。

Point 3 時間の流れに沿って情報を並べる

　操作の手順は抜けがないように時間順に並べます。こうすればこれが起こる、次に何をする、といった具合に時間経過に沿って書きます。時間的な流れを明確にする言葉（and then や before, after, until, to 不定詞）を使うことができます。

① 1 つのステップには 1 つの操作が基本。操作に続いて起こる結果を追記可能

●ヘッダーの位置でダブルクリックしてください。ヘッダーがハイライトされ、編集可能になります。

> 行うべき操作に命令文

Double-click in the header. The header is highlighted for editing.

> その結果起こることを平叙文で書いてもよい

② 1 つのステップに **and then** を使って連続性のある 2 つの操作をまとめることも可能

●変更する文字を選択し、置換する文字を入力してください。

> 2 つの操作を時系列で並べる

Select the text to change, and then type the replacement text.

> and then で時間の流れを明確にする

③時の流れを表す **before** で次に行う操作を書く

　マニュアルは前から時間順に読むことが想定されるため、before ... つまり「〜する前に」を使って、次の動作に先立つ指示を出します。

●WIN study を保存するために Yes をクリックしてから、スタートページに戻ってください。（＝スタートページに戻る前に WIN study を保存するために Yes をクリックしてください。）

Click Yes to save the WIN study before returning to the start page.

●第一部分のブラッシングを開始してください。30 秒磨いたら、第二部分へと

移ってください。

Begin brushing in section 1 and brush for 30 seconds before moving to section 2.

● 電源を抜いてから充電器を洗浄してください。(＝洗浄前には、充電器の電源を抜いてください。) 充電器の基端部を洗浄した後は、充電器を完全に乾かしてからコンセントに挿すようにしてください。

Unplug the charger before cleaning. After cleaning the charger base, completely dry the charger before plugging it into an electrical outlet.

④指示済みの操作には after が可能

ポイント：マニュアルを前から順に読んでいるのに、after を使って動作の順番が前後すると混乱が生じます。after を用いるならば、その操作が既に前のステップで指示済みであるようにします。特に after の部分を文頭ではなく後ろに配置する場合には注意します。

● 2 分間の歯ブラシ時間が完了すれば、さらに時間をかけて噛む部分のブラッシングをします。

After the 2-minute brushing cycle is complete, additional time should be spent brushing the chewing surfaces of your teeth.

● 使用の都度、ブラシヘッドとブラシの毛をすすいでください。

Rinse the brush head and bristles after each use.

「使用」については先に説明があるので after が使える。

● 編集が終われば、ヘッダー以外の箇所をクリックしてください。

Click anywhere except in the header after editing.

「編集」について先行するステップで指示済み。

⑤「～まで～し続ける」表す until

until は「～まで継続して～し続ける」ことを表します。操作の到達点を表すことができます。

● 巻き取り温度が90℃になるまで電流を徐々に増加させてください。

Increase the current gradually until the winding temperature reaches 90 °C.

● モーターが暖まるまで動作させます。

Run the motor until warm. （＝ Run the motor until it is warm. から it is を省略）

⑥未来を表す「to 不定詞」を使い、操作により生じる内容を操作の前に書いておく

● ヒートシンクからファンを取り外すには、ファンを固定しているネジ4本を外します。

To remove the fan from the heat sink, remove the four screws securing the fan in place.

● スマートフォンの接続には、PC 上の設定（Settings）アプリを開いて、電話（Phone）をクリックまたはタップしてください。

To link your smartphone, open the Settings app on your computer and click or tap Phone.

操作すれば何が起こるかを、未来指向の to 不定詞を使って先行して書きます。操作を行ってから何が起こるかわかる、という書き方は避けます。例えば、Remove the four screws securing the fan in place to remove the fan from the heat sink. や Open the Settings app on your computer and click or tap Phone to link your smartphone. は避けます。

Point 4 安全事項(禁止事項・注意事項)を明示する

　製品が本質的に有する危険事項や注意事項を適切な警告標識とともに読み手に伝えます。禁止事項を表す際には、否定の命令文 Do not ... や Never ... を使います。「〜する恐れがある・〜が起こる恐れがある」は命令文ではなく平叙文を使い、助動詞 may を使って可能性を表します。また、否定文（not や never）を使わず、avoid ...（〜するのを避ける）や discontinue ...（〜を継続しない）といった動詞を使って「〜を避ける」や「〜の使用をやめる」を表すこともできます。

① Never で開始

- 警告：高圧回路は一人で作業せず、必ず複数名で作業してください。
WARNING: <u>Never</u> work alone on a high-voltage circuit. Always work with at least one other person.

- 注意：モーターの作動中に機器から離れないでください。
CAUTION: <u>Never</u> leave the tool unattended while the motor is on.

② Do not で開始

- 注意：濡れた手で電源プラグを抜き差ししないでください。感電する恐れがあります。
CAUTION: <u>Do not</u> plug or unplug with wet hands. It may cause an electric shock.

- モーターの上に乗ったり物を置いたりしないでください。
<u>Do not</u> stand on or place objects on the motor.

③助動詞 may で「〜する恐れがある」を表す

- 危険：本製品は可燃性ガスを使用しています。本マニュアルに記載の警告や指示に従わなかった場合には、爆発や発火の恐れがあり、物品の損傷、重大な身体傷害、死亡事故を招く危険性があります。
DANGER: The product uses flammable gas. Failure to comply with these warnings and instructions <u>may</u> result in an explosion or fire that <u>may</u> cause property damage, serious personal injury or death.

④ Avoid で「〜を避ける」

● 通電中の回路や回転している部品に触れないでください。
Avoid contact with energized circuits and rotating parts.

● 動いている最中にドアに触れないでください。
Avoid touching the doors when they are moving.

Memo 禁止事項・注意喚起の標識

　マニュアルでは禁止事項や危険への注意喚起を行います。重要度に応じて次の標識を使い分けて危険事項を読み手に認識させます。

重要度が高い→低い
DANGER（危険）→ WARNING（警告）→ CAUTION（注意）
→ NOTICE または NOTE（注記）

　労働安全衛生局（OSHA: Occupational Safety and Health Administration）や米国国家規格協会（ANSI: American National Standards Institute）による規定に従います。ANSI による規格 ANSI Z535.5 は次の通りです。

⚠DANGER

危険：回避しないと死亡または重傷を招く差し迫った危険な状況を指す。極度に危険な状況に限って使用する。

●Danger: Indicate[s] a hazardous situation which, if not avoided, will result in death or serious injury. The signal word "DANGER" is to be limited to the most extreme situations.

⚠WARNING

警告：回避しないと死亡または重傷を招く可能性がある差し迫った危険な状況を指す。

●Warning: Indicate[s] a hazardous situation which, if not avoided, could result in death or serious injury.

⚠CAUTION

注意：回避しないと軽傷または中程度の傷害を招く可能性がある危険な状況を指す。

●Caution: Indicate[s] a hazardous situation which, if not avoided, could result in minor or moderate injury.

NOTICE

注記：身体傷害に関係しない行為について注意喚起する。

● Notice: [this header is] preferred to address practices not related to personal injury.

＊各標識を使った禁止事項・注意喚起の例文は p. 238 表現集参照。

Point 5 | 冠詞を適切に使う

以下の冠詞の基本を守りましょう。

①そこにあるものには the を使う

● 電池室の蓋を外してください。

○ Remove <u>the</u> lid of <u>the</u> battery compartment.

× Remove <u>a</u> lid of the battery compartment.

「電池室」には決まった「蓋」が付属しているので不定冠詞は不適切。

②あるかどうかわからないもの、製品に付属しないものには不特定表現（a/an ＋可算名詞単数、無冠詞＋可算名詞複数、無冠詞＋不可算名詞）を使う

● 電源コンセントが遠い場合には、延長コードを準備して使ってください。

○ For <u>a</u> distant outlet, use <u>an</u> extension cable.

For a distant outlet の不定冠詞 a で条件を表す

× For <u>the</u> distant outlet, use <u>the</u> extension cable.

「電源コンセントが遠いこと」が前提となり不適切。また、延長コードに the を使うと製品に延長コードが付属していることになる。ユーザーが準備する場合には不適切。

● LED の駆動には単三電池 2 本を使ってください。

○ Use two AA batteries to power the LEDs.

× Use <u>the</u> two AA batteries to power the LEDs.

「単三電池」をユーザーが準備して使う場合、また付属している場合であっても準備する電池と入れ替え可能な場合、the は不適切。

③冠詞の省略は基本的に控える。説明する製品のみは冠詞省略も許容。商品名は冠詞不要で各単語の頭文字を大文字に

● 電池室の蓋を外してください。

× Remove lid of battery compartment.

○ Remove the lid of the battery compartment.

各部品は基本的に冠詞を省略しない。

●問題が起こったら製品の使用をやめること。

○　Do not continue to use <u>product</u> if any failure occurs.

○　Do not continue to use <u>the product</u> if any failure occurs.

マニュアルが説明する製品については the を省略可。一貫して使いづらい場合や省略するか否かを迷う場合には省略しない。不定冠詞 a/an は基本的に省略不可。

●Plug in CL100 Vacuum Cleaner.（掃除機 CL100 のプラグを差し込んでください。）

マニュアルが扱う「商品名」は、目立たせるために各単語の頭文字の大文字が可能。

Memo 動詞 replace の 2 つの異なる意味

　動詞 replace には、（1）「戻す・取り付ける」（2）「交換する・取り替える」という 2 つの意味があります。通常、実務の英語では一意に定まる動詞を使うという原則がありますが、この replace に関しては、意味を混同する可能性がない状況に限って、それぞれの意味での使用が可能です。

Replace the motor.　　モーターを取り替えてください。

Replace the cap.　　　キャップを戻してください。

　後者は remove（取り外す）などの動作があった後の説明となるため、「取り替える」との混同の可能性は低くなります。前者についても、「交換作業」の文脈において使われるので、「取り付ける」との混同の可能性は低くなります。

　このように、「取り替える」「戻す」のいずれの意味かがわかる文脈であれば、それぞれの意味で使用が可能です。一方で、混同の可能性がある場面では使用を控えます。他の単語としては、「取り替える」には renew,「戻す」には return や put on が使えます。

Point 6 you や your で「あなた」を巻き込む

　マニュアルでは「あなた」に話しかけるように指示を出します。操作を指示する文は意味の上での主語は You（あなた）ですが、You を書かずに命令文の形とします（p. 205 参照）。それ以外の随所では、「あなた」を意味する you や your を登場させることで読み手に直接内容が届くように工夫することができます。

① **You may ... で「～してもよい」を表す**

● バッテリーを常に充電しておくために、Toothcare の不使用時にも充電器に設置しておくとよい。
To keep the battery fully charged at all times, <u>you may</u> keep Toothcare on the charger when not in use.

● 清掃が終わったあとは、冷蔵庫を所望の温度に設定して、食品を戻すことができきます。
After cleaning, <u>you may</u> reset the refrigerator to the desired temperature and put the food back in.

②「～により～ができます」に「主語＋ **allow/enable you to ...**」

● Wi-Fi を使えば PC をネット接続することができます。
Wi-Fi allows <u>you</u> to wirelessly connect your personal computer to the Internet.

● 本アプリを使用すれば、印刷前にプリンターを選択して設定できます。
The application enables <u>you</u> to select and set up your printer before printing.

③「あなたの～」を表す **your** で語りかける

● 本マニュアルにより、本モデル（あなたのモデル）の一般的な操作方法をお伝えします。
This User Guide provides general operating instructions for <u>your</u> model.

● 本アプリにより、（あなたの）印刷物を（あなたの）初期設定プリンターに現在

の印刷設定を使って直接送ることができます。

The application sends <u>your</u> printout directly to <u>your</u> default printer using the current printer settings.

● 本アプリにより、（あなたの）変更を保存するように指示されます。

The application prompts you to save <u>your</u> changes.

④「もしあなたが～なら」を表す **if/when you ...** で語りかける

● そのコンセントが正常かどうかわからない場合には、専門家に確認してもらってください。

If <u>you</u> are unsure about the outlet, have it checked by a certified technician.

● 問題が続くようであれば、保証書を確認いただき、サービス部門へご連絡ください。

If <u>you</u> continue to have problems, please read the warranty card and contact the service department.

＊ warranty card= 保証書

● 本マニュアルを読まれた後に質問が生じた場合には、弊社顧客サービスセンターまたはウェブサイトへご連絡をください。

If <u>you</u> have any questions after reading this manual, feel free to contact our Customer Service Center or visit our website.

● 歯磨きの準備ができたら、ブラシヘッドから旅行用キャップを外してください。

Remove the travel cap from your brush head when <u>you</u> are ready to brush.

Memo PDF 限定検索でマニュアルを入手して読んでみよう

　マニュアルを作成したいがよい表現が浮かばないという場合には、公開されている類似製品のマニュアルを読むとよいでしょう。他の各種技術文書とは異なり、マニュアルはインターネット上に数多く公開されています。

　検索エンジン Google で検索する場合、調べたい製品名の後にマニュアルのファイルの種類「filetype:pdf」を検索窓に入力します。これで検索結果を PDF 文書に絞ることができ、PDF で公開されているマニュアルを容易に入手できます。

検索の例（パルスオキシメータの操作マニュアル）：
"pulse oximeter instruction manual" filetype:pdf

引用符 " " で囲った文字列の完全一致検索となります。うまく検索できない場合には、"pulse oximeter" instruction manual filetype:pdf
のように、検索に使用する単語は適宜工夫をします。マニュアルを入手したら、動詞や他の表現例を精査してみましょう。

マニュアルの作成練習

 練習 1　電動歯ブラシ

（以下のような商品について練習します）

●表紙

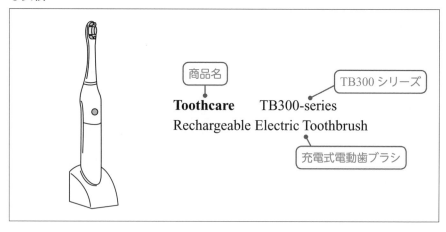

商品名

TB300 シリーズ

Toothcare　TB300-series

Rechargeable Electric Toothbrush

充電式電動歯ブラシ

●製品の概要

General Description  概要

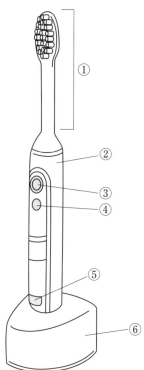

1. Brush head ブラシヘッド

2. Handle ハンドル

3. Power on/off button 電源ボタン

4. Brushing button ブラッシングボタン

5. Recharge gauge 充電ゲージ

6. Charger 充電器

Not shown: UV light bulb (for sanitizing your toothbrush)

歯ブラシ殺菌用の UV ライトは図示略

練習 1-1　手順 1

ブラシヘッドの装着方法

1. ブラシヘッドの向きをハンドルの前面に合わせてください。
2. ブラシヘッドをハンドルの金属棒上に装着し、ヘッドが止まるまで押してください。

作成例

Attaching the brush head

1. Align the front of the brush head with the front of the toothbrush handle.
2. Firmly press the brush head onto the metal shaft of the handle until it stops.

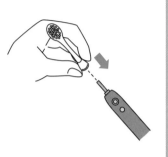

 ## 練習 1-2　手順 2

Toothcare の充電方法

1. 充電器の電源プラグをコンセントに差しこんでください。
2. ハンドル部分を充電器に設置してください。
   電動歯ブラシの充電中は充電ゲージが点滅します。

充電ゲージはバッテリーの充電残量を示します。
緑色 LED が 3 つ点灯＝残量 70〜100%
緑色 LED が 2 つ点灯＝残量 50〜69%
緑色 LED が 1 つ点灯＝残量 20〜49%
赤色 LED が 1 つ点滅＝残量 20% 未満

注：充電完了までに最短で6時間かかります。非使用時に電動歯ブラシを充電器に設置しておけば、常時フル充電を保つことができます。

作成例

Charging your **Toothcare**

1. Plug the charger into an outlet.
2. Place the handle on the charger.

The flashing light on the recharge gauge indicates that the toothbrush is charging.

The recharge gauge indicates the amount of charge left in the battery.

- 3 green LEDs: 70–100%
- 2 green LEDs: 50–69%
- 1 green LED: 20–49%
- 1 flashing red LED: less than 20%

Note: To keep the battery fully charged at all times, you may keep your Toothcare on the charger when not in use. Fully charging the battery will take at least 6 hours.

✐ 練習 1-3 手順 3

歯ブラシの使い方
簡単なステップで効果的に歯磨きができます。

1. ブラシヘッドの中央に少量（豆粒大）の歯磨き粉を出し、流水でブラシの毛を濡らします。
2. 歯と歯茎の境目に45度の角度でブラシヘッドの毛をあて、電源をオンにします。
3. 歯間に長い毛が届くよう、小さく円を描きながらゆっくりと動かしてください。
4. 2、3秒磨いてから次の場所にブラシを移動してください。口内を4つの領域（上歯の外側、内側、下歯の外側、内側）に分け、各領域を30秒

間磨きます。汚れている所があれば、長く磨いてください。

5. ブラッシングを終えたら、電源を切ってください。

作成例

Brushing Instructions

Follow the simple steps below to maximize your brushing.

1. Place a pea size amount of toothpaste on the center of the brush head and wet the bristles with running water.

2. Place the bristles of the brush head on your gumline at a 45-degree angle and turn the brush on.

3. Gently move the bristles in a small circular motion so that the longer bristles reach between your teeth.

4. After a few seconds, move the brush to the next area. Divide your mouth into 4 sections: outside top, inside top, outside bottom, and inside bottom teeth, and spend about 30 seconds in each section. You may spend extra brushing time in areas where excess staining occurs.

5. After your brushing cycle is complete, turn off the brush.

 練習 1-4　手順 4

交換

ブラシヘッド

効果的なブラッシングのために、ブラシヘッドは 3 ヶ月に 1 度交換してください。Toothcare の交換用ブラシヘッドを使ってください。

UV ライト

交換用の UV ライトは、Toothcare 顧客窓口（TEL: 81-75-666-7766）より入手できます。

作成例

Replacement

Brush head

Replace **Toothcare** brush head every 3 months to achieve optimal results.

Use only **Toothcare** replacement brush heads.

UV light bulb

Replacement UV bulbs are available through your **Toothcare** Customer Service Center at 81-75-666-7766.

 練習 1-5　安全上の注意

安全上の注意

危険：感電の危険性を低減するために

- 水などの液体中に Toothcare を入れないでください。

- 風呂場で使用しないでください。

警告：やけどや感電、怪我の危険を減らすために

- 充電器の底面に記載されている電圧以外のコンセントを使用しないでください。

　本製品は 100〜240V で動作するように設計されています。

- 電源プラグをコンセントに無理に差し込まないでください。入りにくい場合には、使用を停止してください。

- ブラシヘッドのブラシの毛が広がったら使用を中止してください。損傷した毛が歯磨き中に切れることがあります。

IMPORTANT SAFEGUARDS

DANGERS

To reduce the risk of electric shock:

- Do not place Toothcare into water or other liquid.
- Do not use Toothcare while bathing.

WARNINGS

To reduce the risk of burns, electric shock, or injury to persons:

- Do not plug into an outlet with a voltage other than specified on the bottom of the charger. The product is designed to operate within a range of 100 to 240 volts.
- Never force the plug into an outlet; if it does not easily fit into the outlet, discontinue use.
- Avoid using a brush head with bent bristles. Damaged bristles may break off while brushing.

 練習 1-6　保証とサービス

保証とサービス

マニュアルを読まれて質問が生じた場合には、弊社カスタマーサービスまたは弊社ホームページにご連絡をください。

カスタマーサービス：81-75666-7766

ホームページ：www.toothcare.com

保証の除外

以下は保証適用外となります。

- ブラシヘッド
- UV ライト
- 誤用や不当な修理による損傷
- 欠け、傷、摩耗など通常の劣化

Guarantee and service
If you have any questions after reading this manual,
feel free to contact our Customer Service Center or
visit our website.

Customer Service Center: 81-75-666-7766
Website: www.toothcare.com

WARRENTY EXCLUSIONS
What is not covered under warranty:
- Brush heads
- UV light bulb
- Damage caused by misuse or unauthorized repair
- Normal wear, including chips, scratches, or abrasions

II
2

マニュアル

✎ 練習2　Wi-Fi 端末

（以下のような商品について練習します）

Wireless Technology Corp

Table of Contents

長いマニュアルには目次を入れる

目次の表題の形式を
そろえる。
動名詞で開始

「Mobile Wireless アプリ
のインストール」

「Mobile Wireless の接続方法」

「写真のインポートと
エクスポート」

「インターネットアクセス」

練習 2-1　製品の各部の説明

（動作手順に必要になる製品の各部の説明）

Mobile Wireless の各部の名称と機能

A. USB2.0 ポート：外部 USB 記憶装置への接続に使用します。Mobile Wireless の容量を増やすことができます。

B. Micro-B USB ポート：Mobile Wireless の充電や標準 USB ポートへの接続に使用します。USB ポートに接続すれば、高速でデータ転送ができます。

C. 電源ボタン：3 秒間長押しすることで、Mobile Wireless 機器の電源をオンオフします。

D. リセットボタン：Mobile Wireless 機器を元の状態（初期状態）に戻します。

E. バッテリーLED/ 電源：バッテリーの状態と電源の現在の状況を示します。

F. Wi-Fi LED：Wi-Fi 通信の現在の状態を示します。

作成例

Getting to know Mobile Wireless

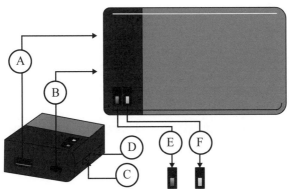

A. USB 2.0 Port

allows you to expand the storage capacity of Mobile Wireless by connecting an external USB storage device.

B. Micro-B USB Port

allows you to charge Mobile Wireless or connect it to a standard USB port for fast data transfer.

C. Power Button

powers on or powers off the Mobile Wireless device (you must press and hold for 3 seconds.)

D. Reset Button

allows you to reset the Mobile Wireless device back to its original (default) configuration.

E. Battery LED/Power

indicates the current battery status and the current power state.

F. Wi-Fi LED

indicates the current status for Wi-Fi broadcasting.

 練習 2-2　アプリのインストール方法

Mobile Wireless アプリのインストール方法

1. 携帯端末からストアを開き、Mobile A を検索してください。検索で現れた選択肢から Mobile A を選択してください。

2. Mobile Wireless アプリを見つけて選択し、右下の FREE ボタンのリンクを選択してください。

3. FREE ボタンを選択すると、ボタンが灰色から緑色の「アプリをインストールする」に変わります。ボタンを選択して携帯端末に Mobile Wireless アプリをインストールしてください。
   アプリがインストールできれば、ストアを終了して本マニュアルの次の設定に進んでください。

作成例

Installing Mobile Wireless App

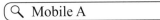

How to Install Mobile Wireless App も OK

1. Open the Store from your mobile terminal and search for Mobile A.

   The Store may return multiple results for your search. Ensure that you select Mobile A.

   🔍 Mobile A

2. Locate and select the Mobile Wireless App and tap the FREE button link on your right bottom.

3. After selecting FREE, the gray button will turn green and change to INSTALL APP. Select the button to complete the installation of the Mobile Wireless App to your device.

Once the App has been installed, you may exit the Store and proceed to the next section of this manual.

日本語が「〜してください」の場合にも、指示なのか、または「〜してもよい」という操作の選択肢なのかを判断して適切な英語にする。may は「〜してもよい」を表す

マニュアルの表現集

❶表題

(製品名)に関する XX マニュアル
_____XX Manual

●XY プリンターのユーザーマニュアル　　XY Printer User Manual

●コーター300 シリーズの操作マニュアル　　300-series Coater Instruction Manual

[マニュアルの種類]

ユーザーマニュアル	User Manual, User's Guide
操作マニュアル	Operation Manual, Instruction Manual
据付マニュアル	Installation Manual
整備マニュアル	Maintenance Manual
点検マニュアル	Inspection Manual
安全マニュアル	Safety Manual

---

❷導入：各部の名称や稼働に必要な装置の説明、注意事項や危険事項

導入の説明文や各部の名称がある場合

はじめに

Mobile Wireless により、音楽、写真、動画などのデジタルコンテンツを携帯端末にストリーム配信することが可能になります。携帯用専用ワイヤレスネットワークを提供する Mobile Wireless は、リチウムポリマー電池を電源とし、最大 5 時間連続で Wi-Fi に接続でき、外出先でもデジタルライブラリーへのアクセスが可能になります。

〈入っているもの〉
Mobile Wireless　1 台

USB ケーブル　1 本

マイクロ SD アダプター　1 個

Introduction

Mobile Wireless allows you to wirelessly stream digital content (such as music, photos, and videos) to your portable terminal. Serving as its own mobile wireless network, Mobile Wireless, driven by a lithium-polymer battery, offers up to five hours of continuous Wi-Fi access to your digital library anywhere you go.

What is included:

1 Mobile Wireless
1 USB cable
1 Micro SD adapter

注意事項や危険事項

［注意喚起の標識］

危険：〜しないでください。

DANGER: Never / Do not ＿＿＿＿＿＿＿＿.

〜の恐れがあります。

＿＿＿＿＿＿＿ may ＿＿＿＿＿＿＿＿＿＿.

［注意喚起の標識の種類］（p. 217 Memo 参照）

DANGER（危険）／WARNING（警告）／CAUTION（注意）／
NOTICE または NOTE（注記）

＊注意事項や危険事項は、マニュアルの冒頭に置かれる場合と、操作手順の説明の後に必要に応じて配置される場合があります。

● 危険：この器具はキャンピングカーやテント、乗用車内などの密閉空間で使用してはいけません。本機器から無臭の一酸化炭素が発生することがあります。

DANGER:

Never use this appliance in an enclosed space such as a camper, tent, or car. This appliance can produce carbon monoxide that has no odor.

● 警告：可動部分に衣服などが巻き込まれないように、ゆったりしたサイズの衣服や体から離れてなびくような衣料（スカーフ、ネクタイ含む）の着用は避けてください。

WARNING: Never wear large or fly-away clothes, including scarves and ties, that could easily be caught in the moving parts.

● 注意：本モニターは、高温や直射日光が当たる場所、極寒場所での保管や使用を避けてください。

CAUTION:

Do not store or use the monitor in locations exposed to heat, direct sunlight, or extreme cold.

● 注記：消毒中にドアを開けると、動作が停止します。

NOTE: The sanitizer stops if you open the door during the sanitizing cycle.

●注記：「外部メモリを取り外す（Remove Ext Memory)」を押さずに外部メモリを取り外すと、保存データが破損する恐れがあります。
NOTICE:
Removing the external memory device without pressing Remove Ext Memory may damage the recorded data saved to the external memory.

❸手順説明の見出し「〜の方法」

> How to 動詞 ＋ 目的語
> ...ing（動名詞）＋ 目的語
> 名詞と動詞の名詞形を羅列

● 芝刈機の組み立て方
How to assemble your lawnmower / Assembling your lawnmower / Lawnmower assembly

● パソコンの解体方法
How to disassemble your personal computer
Disassembling your personal computer
Personal computer disassembly

● スマートフォンをパソコンに接続する方法
How to connect your smartphone to your PC
Connecting your smartphone to your PC

❹操作の各ステップは明快な動詞で開始

● ワイヤーの挿入方法（❸見出し）
1. マイナスドライバーを使ってコネクター取り外し部を押してください。
2. 取り外し部を下に押し下げた状態でワイヤーを挿入してください。
3. 接続を確認してください。
How to Insert the Wire
1. Press the connector release with a flathead screwdriver.

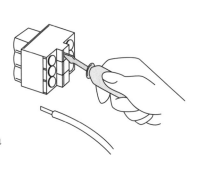

2. While holding the release down, insert the wire.

3. Check the connection.

● 自動原稿送り装置（ADF）に原稿をセットする方法

1. 調整式原稿ガイドを原稿サイズに合わせるよ
うにスライドしてください。

2. 原稿の表面を上にして、送りトレイにセット
してください。

3. 調整式原稿ガイドを原稿の端部に合わせてス
ライドしてください。

Loading the document into the automatic
document feeder

1. Slide the adjustable document guides to fit
the size of the document.

2. Load the document face up in the document feed tray.

3. Slide the adjustable document guides against the edges of the document.

● トランスの電池の装着

1. トランスの電源コードをコンセントから抜いてください。

2. トランスの電池室の蓋を開けてください。

3. 9V 電池 2 本をトランスの電池室に装着してください。

4. 電池室の蓋をしてください。

注意：装置の電源を長時間（1 時間以上）抜いておく場合には、トランスの電
池は外してください。装置を使用していなくても電池が減ります。

Transformer Battery Installation

1. Unplug the transformer power cable from the electrical outlet.

2. Open the battery door on the transformer.

3. Install two 9 V batteries into the battery compartment of the transformer.

4. Replace the battery door.

NOTE: If you unplug your machine for an extended period of time (more
than one hour), remove the batteries from the transformer. The machine
will draw power from the batteries even when not in use.

Message to You

助動詞の意味と
各種文書での使用状況

　主要な助動詞の基本の意味と各文書での使われ方を理解すると便利です。各助動詞は一つの基本の意味をもちますが、各文書の目的と記載内容に応じて意味を広げます。

　例えば「許容」を表す may は、マニュアルで使用される場合には操作手順を表すことから「〜してもよい（人が主語）」や「〜が生じるおそれ（可能性）がある（モノが主語）」を表します。一方、may が契約書で使用されると、当事者の権利を表すことから、主語の権利のおよぶ範囲、つまり「〜することができる」を表します。一つの意味から広がりを見せることを理解すれば、より適切に助動詞を選択できる可能性が高まります。

　そこで、助動詞の基本の意味を下にまとめ、次ページには各文書で使用される可能性がある代表的な助動詞とその意味を一覧表にしました。

主要な助動詞の基本の意味

助動詞	基本の意味	強さ・ニュアンス
can	可能性・能力	起こり得る可能性がある
may	許可・許容	起こるかどうかわからない
will	意思	現在形つまり普遍事実に近い
must	必然	必然的に起こると書き手が信じる
should	必然・推奨	起こるだろうと書き手が信じる
shall*	義務	客観的に生じる義務

＊書き言葉での shall は法的文書（仕様書・契約書）での義務を表します。未来の shall は技術文書では紛らわしいので使用を控えます。

文書名	can/may	will/must/should	
仕様書	**may**：オプション「〜が選択可能」 ＊ may not は紛らわしいので使用を控える 　（p. 257）	**should**：推奨事項「〜したほうがよい」 **will**：予定「〜する」	
契約書	**may**：権利「〜することができる」 **may not**：禁止「〜してはいけない」	**will**：予定「〜する」 ＊ should で「〜した場合」を表す場合がある（p. 276）	
提案書	**will**：意志「〜する予定である」「〜となるにちがいない」	**must**：強い確信 「〜となるにちがいない」	
製品説明	**can**：可能性・能力「〜する可能性がある。」「〜することができる」 ＊製品の特徴となるような能力は基本的に feature（〜を特徴とする）などと動詞で表し、助動詞の使用は控える。		
マニュアル	**may**：可能性「〜するおそれがある」・許容「〜してもよい」 ■**モノが主語**：The battery may explode when overheated.（熱くなりすぎると電池が爆発するおそれがある） ■**人が主語**：You may leave the power tool on the charger when not in use.（使用時に充電器に設定しておいてもよい） **can**：可能性「〜する可能性がある」	**will**：確実に起こることを表す **must**：確実に起こることを表す	
報告書・論文	著者が考える起こり得る可能性 高 will ＞ must ＞ should ＞ can ＞ may 低		
メール	**平叙文の can/cannot** ■**人が主語で「能力」** I/We can ＿＿＿.「〜できる」 I/We cannot ＿＿＿＿.「〜できない」 （断る）(I am/We are unable to ＿＿＿.と同義) ■**モノが主語で可能性** X can ＿＿＿. X cannot ＿＿＿. 「〜の可能性がある・可能性がない」 ■**I/We が主語の疑問文** Can I/we ＿＿？ ■**You が主語** Can you ＿＿？ Could you ＿＿？ 「〜できる？」	**平叙文の will/will not** ■**人が主語で「意志」** I/We will ＿＿＿. I/We will not ＿＿＿. 「絶対〜する・しない」 ■**モノ（例：This）が主語** This will not ＿＿＿. 「絶対〜は起こらない」 例：This will not happen again.（これがもう一度起こることはありません）（謝罪時） This should not ＿＿＿. 「〜は起こらないと思う」 例：This should not happen again.（これがもう一度起こることはないと思います） **疑問文の will/should** Will you ＿＿？ Would you ＿＿＿？ 「〜してくれる（気がある）？」 Should I/we ＿＿＿？ Shall I/we ＿＿＿？ 「〜しましょうか」	

shall	would/could/might
shall：要件「〜しなければならない」 **shall not**：禁止「〜してはいけない」	－
shall：義務「〜しなければならない」 **shall not**：禁止「〜してはいけない」	－
	would：想定と条件が異なる場合
shall：仕様書と同様の「義務」にてまれに使用。	－
	低い可能性 might could
	助動詞の過去形 **would/could/might** **■人が主語** I/We would ＿＿＿. I/We could ＿＿＿. I/We might ＿＿＿. 「〜するでしょう」 **■モノが主語** X would ＿＿＿. X could ＿＿＿. X might ＿＿＿. 「〜が起こるでしょう」 **■ I/We が主語の疑問文** Could I/we ＿＿＿? 「〜しましょうか」

Unit 3
仕様書
Specification

　製品やサービスを開発する際、**備えるべき機能や性能、特性、満たすべき要件を記載**する仕様書（Specification）。開発対象を明確化して関係者間で共有するための文書です。発注者と受注者が異なる組織の場合には、仕様書は契約書の一部としての役割も果たすため、誤解が生じないように作成します。

　仕様書は、**目的の開発品がどうあるべきかを不足なく記載**します。特定分野の専門家の読み手を想定して適切な専門用語を使って書きます。**必要に応じて文を長めに構成することも可能です**。満たすべき設計値などに誤記が発生しないよう注意を払い、表記の決まりも満たして書きます。さらには、記載内容が満たすべき要件なのか、または推奨事項なのかがわかるよう、**義務を表す助動詞の正しい理解も大切**です。

誤解の生じない仕様書を作成するために

☑想定し得る技術者の読み手に情報が不足なく伝わるように書く。

☑助動詞 shall で要件、should で推奨事項、may で選択可能な事項を表す。

☑数字他の表記の決まりを守る。

仕様書のスタイル

Specification for a Mold for Smartphone Cases ← ❶表題

> Specification(s) for ＿＿＿＿ (開発品名) や
> ＿＿＿＿＿ (開発品名) Specification(s)
> Specification は単複いずれも可

Scope ← ❷仕様書の適用範囲

The specification defines the requirements for a mold for injection molding of smartphone cases that enable mass production of smartphone cases.

> 必要に応じて略語 (頭字語と
> 略語) や用語をリスト化

Abbreviations

ABS   acrylonitrile butadiene styrene

SG   side gate

> 繰り返し使う用語があれば加えて定義
> Definition
> The term ＿＿＿＿ refers to ＿＿＿＿＿.

Description ← ❸仕様の概要 (図表、文章により要件を記述)

The mold for injection molding specified herein enables mass manufacture of smartphone cases.

> 「本仕様書に記載した」は as specified herein
> 他の標準・仕様への言及は conforming to / as
> specified in / in accordance with 標準・仕様

General Requirements

Mold

> ＿＿＿＿ (主語) shall ＿＿＿＿＿.
> 必要項目の要件を記載

The mold shall be a two-plate mold with a side gate. The mold will be used for three years for producing 100,000 mobile phone cases per month. The mold material shall be carbon steel S55C and shall have hardness HRC13.

> 満たすべき要件を表す助動詞 shall
> を使う。禁止事項には shall not

> shall 以外の助動詞は
> will = 予定、may = 選択可能な事項、should = 推奨事項

Molded Product

The material for smartphone cases shall be ABS resin. The material shrinkage shall be 5/1000. The molded product shall have a thickness of 1.2–1.4 mm and a weight of 50 g.

To remove molded products (smartphone cases) from the mold, the power button parts of the mold, which are undercuts (parts that prevent the molded pieces from sliding away from the mold), shall undergo separate processes. The undercuts shall be removed using the slide core moved by the angular pin.

> 必要に応じて項目追加
> 1. Materials（材料）
> 2. Fabrication（製造）
> 3. Testing（検査）
> 4. Storage and Shipping（保管と出荷）
> 5. Inspection and Quality Requirements（点検と品質保持に関する要求事項）

> 規定値が多い場合は table（表）を使ってよい

参考和文

スマートフォンケースの金型の仕様書

仕様書の適用範囲
本仕様書は、スマートフォンケースの大量生産を可能にする射出成形金型についての要件を規定する。

略語
ABS　acrylonitrile butadiene styrene（ABS 樹脂）
SG　　side gate（サイドゲート）

概要

本射出成形金型により、スマートフォンケースの大量生産が可能になる。

一般要件

金型

金型構造は 2 プレート方式とする。ゲート方式はサイドゲートとする。生産予定数 100,000 個 / 月にて、3 年間使用の予定。金型材質は硬度 HRC13 の炭素鋼 S55C とする。

成形物

製造するスマートフォンケースの材質は、ABS 樹脂を使用する。材料収縮率は 5/1000、成形品の厚みは 1.2〜1.4mm、重量 50g とする。

金型から成形物（スマートフォンケース）を取り出す際、電源ボタンの部分は、アンダーカット（成形物を押し出す際に引っかかる箇所）となるため、別途処理を必要とする。アンダーカット部分は、アンギュラーピンによって移動するスライドコアを使って取り出す。

補足：ゲートとは成形品金型に樹脂が流れこむ入り口。サイドゲートは成形品の横に配置するゲートのこと。アンダーカットとは、金型から成形品を取り出す時に、そのままの状態で離型できない形状のこと。この部分を離型できるようにスライドさせる処理が必要。

Memo **仕様書の用語——アメリカ MIL 規格より**

アメリカ国防総省が制定したアメリカ軍の資材調達に関する規格である MIL 規格（ミル規格：United States Military Standard）の MIL-STD-961D：4.9.6 Commonly used words and phrases から、参考になる表現を紹介します。

● conforming to, as specified in, in accordance with
引用文献がある場合には、conforming to（〜に従って）、as specified in（〜に記載の通り）、in accordance with（〜に従って）を使う。文書内で一貫した表現を使う。

● Unless otherwise specified

　原則と異なる別の方法を規定する場合には、文頭に Unless otherwise specified（特に指定しない限り）を使う。この句は必ず文頭に置くが、できればパラグラフの頭に置くのが望ましい。

● as specified herein

　仕様書内で規定した要件について、規定箇所が明示されていて特定しやすければ、as specified herein（本仕様書に規定しているとおり）とすればよい。

● compliance with, conformance to

　「準拠性を判断する」には determine compliance with または determine conformance to を使う。determine compliance to は不可。一貫して使う。

● not greater than, not less than

　限界値を述べる際には、「上限」に shall be not greater than、「下限」に shall be not less than を使う。上限の例：The diameter shall be not greater than ....、下限の例：The diameter shall be not less than ...

● drawing, bulletin, specification

　図面（drawing）や公示（bulletin）は文書の識別子を続ける場合にのみ Drawing や Bulletin のように単語のはじめを大文字にする。仕様・規格・ハンドブックは、specifications や standards（仕様や規格）といった文言は含めずに、文書の識別子のみを MIL-E-000 のように記載する（specification MIL-E-000 とはしない）。

● figure, table の前置詞

　図（figure）と表（table）を参照する際には、on a figure と in a table とする。

● flammable, nonflammable

　「可燃性」には inflammable ではなく flammable を使い、「不燃性」には unflammable や noninflammable ではなく nonflammable を使う。

● 曖昧表現を避ける

　and/or, suitable, adequate, first rate, best possible といった曖昧な表現
は使用しない。e.g., etc., i.e. も避ける。

https://www.product-lifecycle-management.com/download/MIL-STD-961E.pdf

Point 1 | 仕様書で使う助動詞

助動詞	仕様書での用途
shall	要件を表す
may	選択可能な事項を表す
should	推奨事項を表す
will	予定を表す

＊ shall not は「避けるべき要件」、つまり「禁止事項」を表す

＊ may not は不明瞭さを避けるために使用を控える（p. 257 Memo 参照）

①要件の shall

例：All parts of the elevators **shall** be built to meet standard dimensions, tolerances, and clearances to allow similar machines and devices supplied under contract to be completely interchangeable.

エレベータの部品は、寸法、公差、隙間についての規格を満たすことで、契約者により提供される類似の機器が問題なく利用可能となる。

例：Vacuum components **shall** be fully inspected under both visible and ultraviolet light prior to the leak tests.

真空部材については、漏れ試験の前に可視光および紫外光を当てて点検すること。

shall と同義で must が使われることが昨今増えている。仕様書を読む際には must も要件として理解するが、仕様書の作成時には、混在を防ぐためにも一貫して shall を使用することを薦める。

＊ 3GPP Specification（3GPP の仕様書）の 21.801（助動詞の意味を規定）には次のように記されている。

Do not use "must" as an alternative for "shall". (This will avoid any confusion between the requirements of a standard and external statutory obligations).

shall の代わりに must を使わない。（一般的基準に照らした要件なのか外部からの法的義務によって生じる要件なのかの混乱を避けるため。）

②避けるべきことを表す shall not

例：All equipment (vacuum pumps, valves, hoses, and fittings) used on this contract shall be purchased new. Materials **shall not** be purchased until approved.

本契約におけるすべての機器（真空ポンプ、バルブ、ホース、取り付け具）は新品を購入すること。材料は認可を受けてから購入すること（＝認可を受ける前に購入しない）。

③予定の will

例：The buyer **will** provide the flange design and machining drawings.

購入者がフランジ設計および加工の図面を提供する予定である。

④要件に shall, 要件でない内容に will

例：Anchor bolts **shall** conform to the manufacturer's specifications. Shims for plumbing **will** be permitted. Stirrups **shall** be installed on all foundations.

アンカーボルトは製造業者の仕様に従うこと。配管用のシムの使用は可能とする。スターラップはすべての基礎に設置すること。

⑤選択可能の may

例：External support structures **may** be welded using gas metal arc welding (GMAW).

外部支持構造は GMAW により溶接することが可能である。

例：Vacuum components **may** be bolted together during leak checking and cleanliness testing to facilitate efficient testing.

真空部材の漏れテストおよび洗浄度テストにおいては、効率的に試験ができるように、部材をボルト止めしてもよい。

⑥推奨の should

例：The pail sampler **should** have a perforated bottom to allow water to drain out.

円筒試料採取器には、水を排出できる孔底を設けることが望ましい。

Memo 助動詞の定義──アメリカ MIL 規格より

　アメリカ国防総省が制定したアメリカ軍の資材調達に関する規格である
MIL 規 格（ ミ ル 規 格：United States Military Standard）の MIL-STD-
961D：4.9.6 Commonly used words and phrases による助動詞の規定を
紹介します。

● **shall**：要件の定義箇所でも試験手順の説明部分でも「要件」には shall
を使う。

例：要件の定義箇所　The gauge shall indicate ...

　　試験手順の説明部分　The indicator shall be turned to zero, and 220
　　volts of alternating current shall be applied.

　命令文を使って試験手順を表す箇所では、はじめに shall を使った一文
を入れて、要件であることを示しておく。

例：The following test shall be performed. のような文言を先に記載してか
　　ら Turn the indicator to zero and apply 220 volts of alternating
　　current. とする。

● **will**：助動詞 will は契約書作成側による目的の宣言に使う。単純に未
来を表す場合にも will を使うことがある。

● **should, may**：should と may は要件ではない項目に使う。

● **must**：must は要件に使用しない。要件には shall を使う。

　＊筆者注：MIL 規格は must を要件に使わないとしています。shall と同等の意
　　味を表すための must の使用が昨今増えていますが、1 つの文書内での混在は
　　避けます。

● **should, shall**：文書で「要件」か「指針」かを明確に区別する。要件
には shall を使い、指針には should を使う。

　　　　　　　　https://www.product-lifecycle-management.com/download/MIL-STD-961E.pdf

Point 2 数の表記の決まりを知る

満たすべき要件として数値を記載する必要が生じる仕様書では、数や句読点の表記の決まりを知っておくことも大切です。

①単位記号と数値の間にスペースを入れる

例：The tolerance for the machine surfaces shall be 0.5 mm.
（装置表面の公差は 0.5mm とする。）

For the stainless-steel valves, the chloride content shall not exceed 30 ppm.
（ステンレス鋼製バルブの塩化物量が 30ppm を超えないこと。）

例外として、「%」、「$」、「°」、「′」、「″」はスペースが不要。

例：The maximum amount of fly ash shall be 20% by weight of the total cement amount.
（フライアッシュの量はセメント総量の 20 重量 % 以内とする。）

For 50" and larger pipes, two welding seams that are 180° apart shall be acceptable.
（50 インチ以上のパイプでは、180 度離した 2 箇所の溶接継ぎ目を許容とする。）

②単位を伴わない数は、10 未満はスペルアウト、10 以上は算用数字とする

例：At least five samples shall be tested to determine compliance with the requirements.
（要件に従っているかどうかを 5 つ以上の試料を使って試験すること。）

A total of 24 sampling points shall be used for round ducts.
（円形ダクトのサンプリング点数は 24 とする。）

③文頭の数字はスペルアウトするか文頭に来ないように書き換える

例：Twenty-five sampling points shall be used for rectangular ducts.
For rectangular ducts, 25 sampling points shall be used.
（矩形ダクトのサンプリングは点数を 25 とする。）

　　× 25 sampling points shall be used for rectangular ducts.

④**演算子（「＋」、「－」、「×」、「÷」）、イコールの前後にスペースを入れる**

例：The force at the rooftop shall be determined by the formula:

   Ft = 0.07 × T × V

   （屋根にかかる力は、式 Ft=0.07×T×V より求める。）

   例外として、数値のプラスマイナス（例：− 1、＋ 10）にはスペース不要、スラッシュ（/）、割合を表すコロン（:）（例 1:10）、中点（•）にはスペース不要。

例：The overall dimensions of the castings shall have the tolerance of ±3 mm.

   （鋳物の寸法公差は ± 3mm とする。）

⑤**短いダッシュ（エンダッシュと呼ばれる）を数値の範囲に使い、前後のスペースは入れない**

例：The frequency response of the instrumentation shall be 2–250 Hz.

   （機器の周波数応答は 2〜250Hz とする。）

   なお、from や between を伴う場合にはダッシュは不可。つまり from 2–250 Hz や between 2–250 は from 2 to 250 Hz, between 2 and 250 が適切。

⑥**コロンの後に詳細を列挙する**

例：All the equipment and the materials specified herein shall conform to the following standards:

   ⑴ Illuminating Engineering Society of North America (IESNA) and American National Standards Institute (ANSI) document RP-8-14

   ⑵ International Municipal Signal Association (IMSA)

   ⑶ American Welding Society (AWS) D1.1, Structural Welding Code-Steel

   （本仕様書に記載の機器および材料はすべて以下の規格に従うものとする。

   ⑴ 北米照明学会（IESNA）、米国規格協会（ANSI）文書 pp.8-14

   ⑵ 国際自治体信号協会（IMSA）

   ⑶ アメリカ溶接協会（AWS）D1.1 構造用溶接規格：鋼）

仕様書の作成練習

 練習 1 　電子レンジ X100 シリーズ仕様書

電子レンジ X100 シリーズ仕様
1. 一般要件
　 電子レンジ X100 シリーズは動作が簡単。回転台を有する。レンジ 調理機能および解凍機能がある。
2. 電源は 200V、50Hz、単相 AC を使用。
3. 電力消費は 1300W。
4. レンジの出力は 700〜850W。
5. 庫内容量は 20〜25L。
6. 電磁波の周波数は 2450MHz とする。
7. タイマーは 60〜90 分にて設定が可能。
8. 外形寸法は 520mm（幅）× 360mm（高さ）× 450mm（奥行）。
9. 庫内の寸法は、330mm（幅）× 220mm（高さ）× 330mm（奥行）と する。
10. 安全性について、装置を接地すること、また安全インターロックを 設けて電磁波の漏れを防ぐこと。
11. 付属品としてガラスまたはセラミックのトレイを含める。
12. 見積り価格は 600 ドル。

━ 作成例 ━━━━━━━━━━━━━━━━━━━━━━━━━━━━━

Specifications for X100-Series Microwave Oven

1. General Requirements: X 100-Series microwave oven shall be simple in operation and shall have a turntable. The oven shall be capable of microwave cooking and defrosting.
2. Supply voltage: 220 V, 50 Hz, single phase AC
3. Power Consumption: 1300 W
4. Microwave Power: 700–850 W

5. Oven Capacity: 20–25 L
6. Microwave Frequency: 2450 MHz
7. Timer: 60–90 minutes
8. Exterior Dimensions (W × H × D mm): 520 × 360 × 450
9. Oven Cavity Dimensions (W × H × D mm): 330 × 220 × 330
10. Safety: The oven shall be connected to earth. The oven shall have safety interlocks to prevent leakage of microwaves.
11. Accessories: The oven shall be supplied with a glass or ceramic tray.
12. Estimated Price: $600.00

Memo 仕様書で **may not** を控えて誤解を防ぐ

助動詞 may は、許可を表します。助動詞 may が否定形 may not になると、一般的な文脈では「〜しなくてもよい」や「〜でないかもしれない」を表すことが多くある一方で、当事者の権利の範囲を定める法律文書では、「〜してはいけない（禁止事項）」を意味します（p. 276 参照）。仕様書では、may not が「〜しなくてもよい」と「〜してはいけない」の間で読み手の解釈が揺れてしまうことを防ぐため、may not の使用を控えることがお薦めです。仕様書における may の否定形は may not ではなく need not とする、と定義している標準化プロジェクトもあります（下の 3GPP Specification 参照）。

3GPP Specification（3GPP の仕様書）の 21.801（助動詞の意味を規定）: shall と may、また shall not と may not に関する記載
* The word "shall" shall be used to express mandatory requirements.
* The word "may" shall be used to express optional requirements.
* **Although the negative form of "shall" is "shall not", the negative form of "may" is not "may not", but is "need not".**
. . . . . .
Do not use "may not" instead of "shall not" to express a prohibition.

（shall は強制要件を表現するために使う。may は選択可能な要件を表現するために使う。shall の否定形は shall not であるが、may の否定形は may not ではなく need not である。…… may not を shall not の代わりに禁止を表すために使用してはいけない。）

* 3GPP（Third Generation Partnership Project）は、W-CDMA と GSM 発展形ネットワークを基本とする第三世代携帯電話（3G）システムおよびそれに続く第 3.9 世代移動通信システムに対応する LTE や、第 4 世代移動通信システムに対応する LTE-Advanced、さらに次の世代である第 5 世代移動通信システムの仕様の検討・作成を行う標準化プロジェクト。

練習2　街灯の仕様書

街灯の設計仕様書

適用範囲
本仕様書は街灯に使用する鉄柱の設計、製造、試験、供給に関する要件を規定する。

概要
本街灯用鉄柱は、風速 160km/ 時の風に耐えうるように設計し製造する。本街灯に使用する鉄柱は、ISO9001:2000 の品質を満たす業者により製造する。

街灯の鉄柱
街灯の鉄柱に使用する鉄管は、引張強さの最小値が $42kg/mm^2$ とする。鉄管の供給者は、負荷に耐えうる強度を確保することが求められる。

鉄柱には亜鉛めっき鉄板を使用し、めっきの膜厚は、管の内側・外側ともに重量 $460g/m^2$ 以上とする。

各鉄柱は厚さ 3mm 以上の天板を備え、天板は鉄柱の上端に溶接する。また、各鉄柱には底部に基板を溶接する。基板のサイズは設計要求に応じて決定する。

鉄柱の寸法公差
　公差は以下の通りとする。
　直径：±1%
　重量：各鉄柱につき±1%
　厚さ：±1%

街灯の試験
各製造ロットから指定数の鉄柱を選択し、たわみ試験、永久たわみ変位試験、落下試験を行う。試験の詳細は別文書に記載する。試験に不合格となった鉄柱がある場合には、同ロットからさらに 2 本の鉄柱を追加し

て試験を行う。追加した鉄柱の両方が不合格となった場合には、試験材料が仕様書を満たさないと判断する。

作成例

Design Specifications for Street Light Poles

Scope
The specifications cover the design, fabrication, testing, and supply of steel poles to be used for street lights. ─ 定番表現で仕様書を開始

Description:
The steel street light poles shall be designed and fabricated to withstand a wind velocity of 160 km/h. The steel tubular poles for the light poles shall be manufactured by a company certified as ISO 9001:2000 compliant. ─ 助動詞 shall を使って要件を述べる

Description of Street Light Pole
The steel street light poles shall be designed using steel tubing made of steel with a minimum tensile strength of 42 kg/mm^2. The supplier shall determine the strength of the component tubing against the load to be sustained.

数の表記を正しく。単位記号と値の間には基本的にスペースを空ける

The street light poles shall be fully galvanized with a minimum coating weight of not less than 460 g/m^2 internally and externally.

Each street light pole に視点をおき、平易な動詞 have を使って記載

Each street light pole shall have a steel top plate with a minimum thickness of 3 mm welded to the top end, and a base plate welded to the bottom. The size of the base plate shall meet design requirements.

Street Light Pole Dimensional Tolerances
The following tolerances shall be maintained: ─ 数値の列挙の前に shall を入れる

Tolerance on diameter: ± 1%
Tolerance on weight: ± 1% per pole
Tolerance on thickness: ± 1%

> 表記を正しく。% と値の間にはスペースを空けない

Tests

> 各文は多少長くても OK。正しく描写する

The deflection test, permanent set test, and drop test shall be performed for selected poles from each production lot. The details of the tests are specified in separate documents. If any of the selected poles fails to pass the tests, two further poles shall be selected for testing from the same lot. If the additional poles fail, the test material shall be deemed as not complying with these specifications.

仕様書の表現集

❶表題

(開発品名) に関する仕様書

Specification(s) for _____

● スチールおよび複合材構造物の仕様書

Specifications for Steel and Composite Structures

● 多機能カードリーダの設計仕様書

Design Specifications for Multifunctional Card Readers

仕様書の種類

設計仕様書	Design Specification
建設仕様書	Construction Specification
製品仕様書	Product Specification
材料仕様書	Material Specification
保全仕様書	Maintenance Specification
検査仕様書	Inspection Specification

❷仕様書の適用範囲

本仕様書は、〜に関する要件を規定する。

This specification defines/covers the requirements for

_____.

● 本仕様書では、液化天然ガス (LNG) 工場の電気施設に関する要件を規定する。

This specification defines the requirements for electrical facilities for liquefied natural gas (LNG) plants.

● 本仕様書は、宇宙飛行体に使用する丸線およびフレキシブルフラットケーブルの多接点分極シェルコネクタに関する要件を規定する。

This specification covers the requirements for multicontact, polarized-shell, electrical connectors for round wires and flexible flat cables for space vehicles.

● 本仕様書は、精油所用の熱交換器の設計・資材・製造・検査ならびに試験についての基本事項を規定する。
The specifications cover the basic requirements for the design, materials, fabrication, inspection, and testing of heat exchangers for refinery service.

> 本仕様書は、〜の設計、製造、〜、〜について規定する。
> This specification covers/specifies the design, fabrication, ＿＿＿＿, and ＿＿＿＿of ＿＿＿＿＿＿＿＿.

● 本仕様書は、溶接圧力容器用のニッケル合金鋼板に適用される。
This specification covers nickel-alloy steel plates intended for welded pressure vessels.

● 本仕様書は、ガス輸送分配システムの設計、製作、据付、検査、試験、運転および保全について規定する。
This specification specifies the design, fabrication, installation, inspection, testing, operation, and maintenance of gas transmission and distribution systems.

> 〜は、＿＿＿＿＿（標準・規格名）に従った設計とする。
> ＿＿＿＿＿ shall be designed in accordance with ＿＿＿＿＿.

● 圧力容器は、ASME Section VIII に従った設計とする。
The pressure vessels shall be designed in accordance with ASME Section VIII.

● 本プロジェクトにおける輸送管は、以下の規則（新版）の規定に主に従って設計および開発するものとする。
(ⅰ) ASME B31.8 ガス輸送分配配管
(ⅱ) ASME B31.3 化学プラント・石油精製等の配管
(ⅲ) OISD Standard 141 地上横断用のデザインと建設要件
ここに引用する規則・標準・仕様はすべて最新版を使用するものとする

Pipelines under this project shall be designed and engineered primarily in accordance with the provisions of the latest edition of the following codes:
(i) ASME B31.8 - Gas transmissions and Distribution Piping System
(ii) ASME B31.3 - Chemical Plant and Petroleum Refinery Piping
(iii) OISD Standard 141 - Design and Construction Requirements for Cross Country
All codes, standards and specifications referred to herein shall be the latest edition of such documents.

請負業者・入札者は、〜するものとする。
The contractor/bidder shall _____.

● 請負業者は、本仕様書に従って作業を実行する。
The contractor shall perform the work in accordance with this specification.

● 入札者は規定の材料を入手し、木製の小屋を建築し、本仕様書に規定の他の仕上げ処理を行うものとする。
The bidder shall obtain the required materials, construct the wooden cages, and perform other finishing work as required in these specifications.

本仕様書における〜は、〜を意味するものとする。
The term _____ herein refers to _____.

● 本仕様書において「携帯電話」とは、広範囲にわたる地域において電話をしたり電話を受けたりすることができる無線機器とする。
The term "mobile phone" herein refers to any wireless device that can make and receive telephone calls across a wide geographic area.

● 本仕様書における「予防保全」とは、不具合のある部品の清掃、注油、修理、取り換えを行い、装置の安全性が損なわれることを防止することである。
The term preventive maintenance as used herein refers to cleaning, lubricating, repairing, and replacing defective components to prevent the device from becoming unsafe.

❸仕様（図表、文章により要件を記述）

~は、~とする。
_____ shall _____.

● 送信機は、流速を示すために LCD を備えるものとする。
The transmitter shall have a liquid crystal display (LCD) to indicate the flow rate.

● 電柱の基礎部分の流し込みについて、技術者による特記がない限り、地域の建築基準・規格により提供される図面に従って行う。
Foundations for street light poles shall be poured in accordance with the drawings in the local Construction Standards and Specifications unless otherwise specified by the engineer.

● 1. 材料
コンクリートは、建築基準・規格 Section 100 に従い、現場で混合し、供給するものとする。
1. Materials
Concrete shall be mixed and poured on-site in accordance with Section 100 of the Construction Standards and Specifications.

● 装置の摩耗しやすく取り換えが必要な部分の機械的締結には、ナット、ボルト、その他取り外しおよび取り換え可能な締結具を使用するものとする。
The mechanical fastening for parts of the equipment subject to wear and requiring replacement shall be nuts, bolts, or other removable and replaceable fasteners.

● 赤外線侵入検出器モデル 500 仕様書
2.0 要件
2.1 作動原理
本クアッドタイプの赤外線検出ユニットは、送信機と受信機を 1 つずつ備える。送信機は 2 つの赤外 LED を含んで構成される。
MODEL 500 INFRARED BEAM INTRUSION DETECTOR
2.0 General Requirements

2.1 Principle of Operation

The quad infrared beam detection unit shall include one transmitter and one receiver. The transmitter shall consist of two infrared light-emitting diodes (LEDs).

2.4 光源

各光線の光源には、波長 8900 オングストロームの赤外 LED を使用する。

2.4 Light Source

The light source for each beam shall be an infrared LED with a wavelength of 8,900 angstroms.

2.5 光線変調

クアッドタイプの赤外線検出ユニットは、4 つの二重パルス変調チャンネルを備える。DIP スイッチによりチャンネルを切り替え、類似技術により外部光源からの干渉やクロストークを防ぐ。チャンネルの搬送周波数および信号周波数は以下の通りである。

	搬送周波数	信号周波数
チャンネル 1	13.25kHz	356Hz
チャンネル 2	15.55kHz	417Hz
チャンネル 3	20.00kHz	500Hz

2.5 Beam Modulation

The quad infrared beam detection unit shall have four double-pulsed modulated channels. The channels shall be selectable by the DIP switch to avoid interference from alien light sources and crosstalk conditions using the same or similar technologies. These channels shall be as follows:

	Carrier Frequency	Signal Frequency
Channel 1	13.25 kHz	356 Hz
Channel 2	15.55 kHz	417 Hz
Channel 3	20.00 kHz	500 Hz

Message to You

「約」は approximately か about か
―文書の種類と読み手に応じて選ぶ

　技術文書の作成時には、「平易な単語か」「専門的な単語か」の選択があります。「約〜」という数値を表す際、approximately は専門的な単語、about は平易な単語です。

　まずは approximately の意味を理解することが、使い分けには必須となります。approximation（名詞）は、数学的に「近似」という意味があります。approximate（動詞）は「近似値や概算値を取る」、approximately（副詞）は「近似的に」です。

　例えば、「A＝B」は英語でも A＝B. ですが、「A≒B」は英語では A ≈ B.（≈ はダブルチルダという記号で、近似を表す）と表記し、A is approximately equal to B. を意味します。

　このように数学的な意味の approximately は、多くの技術文書では about で代用できます。

　「約〜」と表現する際、多くの技術文書では、平易な about を選択して読み手の負担を軽くします。例えば「約 100℃」は、メール、議事録、マニュアルでは about 100℃ と表します。

　一方、論文や報告書では、厳密な印象を与えることを優先し、about ではなく approximately を使用することがあります。仕様書で製品が満たすべき要件を記載する際には、about も approximately も避けて厳密な値の範囲を定義します。つまり、「約」のかわりに「公差」として ± の値を別途規定します。

　NASA のスタイルガイド NASA Systems Engineering Handbook から仕様の書き方の例を引用します。「公差」が厳密に書かれています。
・The TVC shall gimbal the engine a maximum of 9 degrees, ±0.1 degree.
・The TVC shall gimbal the engine at a maximum rate of 5 degrees/second, ±0.3 degrees/second.
・The TVC shall provide a force of 40,000 pounds, ±500 pounds.
・The TVC shall have a frequency response of 20 Hz, ±0.1 Hz.

4.0 System Design Processes, Example of Functional and Performance Requirements, NASA Systems Engineering Handbook, Revision 2
(『NASA システムエンジニアリングハンドブック　二訂版』、4.0 システムデザイン工程、「機能・性能要件の例」より引用)

　一方で、「約」や「略」が許容できる文脈では、approximately（概算）を使うことができます。そのような文脈では、approximately または substantially の使用を許容するとよいでしょう。

　例えば、実験方法を記載する文脈で、次のように使います。
The samples shall weigh approximately 2 kg (5 lb.).
The material shall be submerged in water at approximately 21 ℃ (70 ℉).

　単語の意味を深く知り、文書に応じて「平易な単語か」「専門的な単語か」を適切に選択することが大切です。

Unit 4

契約書
Agreement/Contract

　契約書（Agreement/contract）は、複数の組織間で結ぶ契約の内容を記すための文書です。契約書により、双方の**権利（何ができるか）と義務（何をすべきか）を明確化して**署名を交わします。日本国以外に拠点をおく相手先との契約となる場合には、どの国の法律に基づくかを明記します。

　正式なフォーマットから略式なものまで様々ですが、当事者同士が署名をすることで法的効力が発生するため、誤りがないように作成します。

　契約書では、正確さに加えて明確さも重要です。契約の範囲の解釈が読み手によって揺れると権利と義務が不明確になり、契約書の目的を果たせないためです。例えば、日付に使う英語の前置詞、「および」や「または」といった接続詞、さらには助動詞の使い方についても理解する必要があります。

誤解の生じない契約書にするために

☑権利と義務を明示するための文法事項（助動詞・前置詞など）に留意する。

☑フォーマットを理解する。

☑わかりやすいシンプルな表現、正しい英語により、契約内容の解釈が1つに定まるようにする。

契約書のスタイル

SALES AGREEMENT — ❶表題

> Sales Agreement（売買契約）など目的に応じた表題

❷頭書 | 契約の締結日、両当事者の名称、住所、設立の準拠法

This Agreement is made and entered into as of January 20, 2022, by and between:

(1) ABC Corporation, a company organized and existing under the laws of California and having its principal office at 1234 XY Street, Lexington, CA 56789 (hereafter referred to as "Seller"), and

(2) DE Corporation, a company organized and existing under the laws of Japan and having its principal office at 34 Midori-cho, Sugi-ku, Tokyo 123-456 (hereafter referred to as "Buyer").

> 「以下〜と呼ぶ（hereinafter referred to as " "）」には Seller, Buyer, Maker といった具体語または社名を短く入れる

BACKGROUND — ❸前文

> 契約を締結するに至った経緯や契約締結の目的

1. Seller develops and manufactures Products defined below.

2. Buyer desires to purchase Products from Seller, and Seller desires to sell Products to Buyer.

NOW IT IS HEREBY AGREED between the parties as follows:

❹本文

> 契約書の中で繰り返し使用する用語を定義

Article 1. Definitions — ❹-1 定義条項

In this Agreement, the following words and expressions shall, unless the context otherwise requires, have the following meanings:

1. "Products" means all materials, goods, services, and/or work to be provided to Buyer by Seller.
2. "the parties" mean Seller and Buyer.

Article 2. ❹-2 実質条項

> 取引の内容や当事者の実質的な権利義務を規定

Sales of Products. Seller agrees to sell, and Buyer agrees to purchase the Products below under the terms and conditions specified below:

> 契約の「条件」や「内容」は
> terms and conditions

Description	Quantity	Price Per Unit
Semiconductor circuits	25	JPY 5,000

Purchase Price. Buyer will pay to Seller for the Products and for all obligations specified in this Agreement, if any, as the complete purchase price, the sum of JPY125,000. Buyer shall be responsible for all taxes for the Products in this Agreement.

Payment. Seller shall invoice Buyer upon shipment of the Products. Unless otherwise stated, payment for the Products is due within thirty (30) days of the date of Seller's invoice, which date will not be before the date of Seller's delivery of the Products.

Delivery. Seller shall ship the Products to Buyer on or before November 10, 2022 to the address: 50 Green Street, Shima, Tokyo 123-456. Buyer will pay for any shipping costs.

Article 3.
Article 4.
…

> 条項の数や内容は適宜に決定。Inspection（検査）、Payment（支払い）、Shipment（出荷）、Marine Insurance（海上保険）、など必要事項を含める

Article 5. Effective Period ❹-3 契約の期間ほか

This Agreement shall become effective (the "Effective Date") upon the date this Agreement is signed by both parties, and shall remain in

II
4

契約書

effect for a period of three (3) years from the Effective Date, unless terminated earlier in accordance with the terms hereof.

Article 6. Force Majeure

Neither party shall be liable to the other for any failure in the performance of its obligations under this Agreement if and to the extent such failure in performance arises from any cause or causes beyond the reasonable control of the party affected, including, but not limited to, act of God; acts of government or governmental authorities; compliance with law, regulation or orders; fire, storm, flood or earthquake; war (declared or not), rebellion, revolution, or riots; epidemics, strike or lockouts.

> 「不可抗力」一例　　❺後文と署名

IN WITNESS of this Agreement, the parties have executed this Agreement as of the date and year first above written.

> 締めくくりの文・当事者の氏名、肩書きと契約締結日

The parties have caused this Agreement to be executed in two copies by their representatives to execute this Agreement for each of the parties to retain one copy.

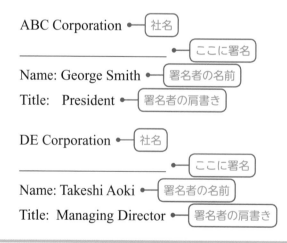

ABC Corporation ●—[社名]

_____ ●—[ここに署名]

Name: George Smith ●—[署名者の名前]

Title:　President ●—[署名者の肩書き]

DE Corporation ●—[社名]

_____ ●—[ここに署名]

Name: Takeshi Aoki ●—[署名者の名前]

Title: Managing Director ●—[署名者の肩書き]

売買契約書

　本契約は、(1)カリフォルニア州法に基づき設立され存続し、1234 XY Street, Lexington, CA 56789 に主たる事業所を有する ABC コーポレーション（以下「売主」という）と、(2)日本法に基づき設立され存続し、123-456 東京都杉区緑町 34 に主たる事業所を有する DE コーポレーション（以下「買主」という）との間で 2022 年 1 月 20 日に締結された。

背景
1. 売主は、以下に定義される本製品を開発および製造する。
2. 買主は、売主から製品を購入することを希望し、売主は買主に製品を販売することを希望している。

　両当事者は、以下の通り合意する。

第 1 条（用語の定義）

　本契約において、以下の語句および表現は文脈上別の意味を持つ場合を除き、以下を意味する。

1.「製品」とは、売主が買主に提供する材料、商品、サービス、および / または作業を意味する。
2.「当事者」とは、売主および買主を意味する。

第 2 条
製品の販売

　売主は、以下に定める条件で以下の製品を販売することに同意し、買主はその製品を購入することに同意する。

品目	数量	単価
半導体回路	25	5,000 円

購入価格

　買主は、その製品および本契約で指定されるあらゆる義務についての完全な購入価格として合計額 125,000 円を売主に支払うこととする。買

主は、本契約にかかる税金を支払うものとする。

支払い

売主は、製品出荷時に買主に請求書を発行する。別段の定めがない限り、製品の支払いは、売主の請求書の日付から30日以内に行われる。なお、当該日付は売主による製品引渡しの日より後とする。

引渡し

売主は、製品を買主の住所（〒123-456東京都志摩市グリーンストリート50番地）宛てにて2022年11月10日までに発送する。送料は買主が負担する。

第3条
第4条
…
第5条 有効期間

この契約は、両当事者が署名を行った日付（「発効日」という）から有効となり、本契約の条件に従って中途解除されない限り、その後3年間存続するものとする。

第6条 不可抗力

いずれの当事者も、本契約に基づく義務の不履行について、それが天災地変、政府または政府機関の行為、法律、規制、命令の遵守、火災、嵐、洪水、地震、戦争（宣言されているか否かを問わず）、反乱、革命、暴動、疫病、ストライキ、ロックアウトを含むがこれらに限定されない影響を受けた当事者の合理的な支配を超える事由により生じた場合には、その限度において、他方当事者に対して責任を負わない。

以上の証として、両当事者は、冒頭に記載の日において本契約を締結した。

本契約は、両当事者の代表者により2部作成され、各当事者が1部を保有する。

ABC コーポレーション

＿＿＿＿＿＿＿＿（署名）

ジョージ・スミス（署名者の名前）

社長　　　　　　（署名者の肩書き）

DE コーポレーション

＿＿＿＿＿＿＿＿（署名）

青木　武司　　　（署名者の名前）

代表取締役　　　（署名者の肩書き）

Point 1 法的文書の助動詞——権利の may と義務の shall

動詞が表す事実に「助動詞」を加えることで、書き手の意図を表します。契約書においては、「権利」を may で、「義務」を shall で表現します。

> **[助動詞 shall で要件を表す]**
> shall：義務、強制、未来の約束を表す。「〜しなければならない、〜するものとする、〜する」を表す。「〜してはならない」には shall not を使う。

- XX は YY に対し、2022 年 8 月 12 日までに本製品を引き渡すものとする。
  XX **shall** deliver the Products to YY on or before August 12, 2022.

- YY は XX に対し、製品に仕様不適合があった場合、到着後 20 日以内に書面にて通知しなければならない。
  If YY finds that the Products fail to conform to the Specifications, YY **shall**, within twenty (20) days after the date of such arrival, give XX written notice stating such nonconformity.

> **[助動詞 may で権利を表す]**
> may：権利、権限、特権を表す。「〜することができる」を表す。「〜できない・してはいけない」に may not を使う。なお、may not は shall not に置きかえが可能。

- いずれか一方の当事者（party）は、他方当事者が本契約に違反した場合、本契約を解除することができる。
  Either party **may** terminate this Agreement if the other party should commit any breach of this Agreement.
  Should either party commit any breach of this Agreement, the other party **may** terminate this Agreement.（冒頭の Should ... は「〜した場合」を表す）
  ＊契約書は当事者の「権利」つまり「許可」に着目し、当事者の「能力」には着目しないため、「〜することができる」に助動詞 can は使わない。(p. 242 助動詞表参照）

● 契約の終了後はいずれの当事者（party）も他方当事者に対して何の義務（liability）も負わない。

Neither party **may** have any liability to the other party after the termination of this Agreement.

● 第一項の規定により発行する国債は譲渡できない。

Bonds issued pursuant to the provisions of paragraph (1) **may** not be transferred.

  ＊ may not は shall not に置きかえ可能。

Memo 契約書独特の冠詞の省略と大文字表現

● Distributor, Licensee, Licensor, Engineer, Owner, Maker など、当事者などの重要語は、固有名詞のように頭を大文字にして無冠詞で扱うことが可能です。なお、the Distributor, the Licensee と定冠詞を使って書くこともできます。

● the Agreement, the Products など、キーワードの頭に大文字を使って読み手にわかりやすくできます。the AGREEMENT などとすべて大文字で強調することも可能です。スタイルを決めて使用します。

Point 2 数量、日付、期間表現を正しく知る

契約書では、数量や日付や期間を明記します。日付による期間を記載する場合には、基準日を含むのかどうかの解釈が分かれないよう、使用する前置詞などに注意します。複数の前置詞を重ねて使用して明確化します。日付の書き方は Unit 1 p.18 の **Memo**「日付の書き方」参照。

[数量]

基準とした数値を含むか含まないかに注意。使いやすいものを選択。

● XX 以上 not less than XX または XX or more

● XX 以下 not more than XX または XX or less

● XX を超える more than XX または exceeding XX

●XX 未満　　　　less than XX

［日付、期間］

●XX に
2022 年 8 月 19 日現在（の時点で）　as of August 19, 2022
2022 年 8 月 19 日に　　　　　　　　on August 19, 2022

●XX までに
2022 年 8 月 19 日までに　on or before August 19, 2022

●XX までは
2022 年 8 月 19 日までは　until and including August 19, 2022

●XX 以前、XX 以後
2022 年 8 月 19 日以前　on or before August 19, 2022
2022 年 8 月 19 日以後　on and after August 19, 2022

●XX から YY 日間（XX を含まない）
2022 年 8 月 19 日から 30 日間（8 月 19 日を含まない）
for the period of thirty (30) days from August 19, 2022 (excluding)
for the period of thirty (30) days after August 19, 2022 (excluding)
for the period of thirty (30) days from August 19, 2022 (exclusive)
for the period of thirty (30) days after August 19, 2022 (exclusive)
for the period of thirty (30) days from August 19, 2022, exclusive
for the period of thirty (30) days after August 19, 2022, exclusive
　＊X 日間といった数字はスペルアウトした thirty と丸括弧内に算用数字 30 を併記す
　　ることで、改ざんや誤植の可能性を減らす。

●XX から YY 日間（XX を含む）
2022 年 8 月 19 日から 30 日間（8 月 19 日を含む）
for the period of thirty (30) days from August 19, 2022 (including)
for the period of thirty (30) days from August 19, 2022 (inclusive)
for the period of thirty (30) days from August 19, 2022, inclusive
for the period of thirty (30) days on and after August 19, 2022
for the period of thirty (30) days starting on August 19, 2022

- XX から YY まで（両方を含む）

2022 年 8 月 19 日から 9 月 19 日まで（両方を含む）

from August 19, 2022 to September 19, 2022, both inclusive

from August 19, 2022 (inclusive) to September 19, 2022 (inclusive)

for the period between August 19, 2022 and September 19, 2022, both inclusive

for the period from August 19, 2022 through September 19, 2022, both inclusive

for the period commencing on August 19, 2022 and ending on September 19, 2022

- XX 以内

60 日以内　within sixty (60) days

60 日を超えない期間　within the period of not exceeding sixty (60) days

60 日未満の期間内　within the period less than sixty (60) days

［文例］

- 本契約は、2022 年 7 月 12 日に、XX company と YY company との間で締結された。

This AGREEMENT is made and entered into **as of** July 12, 2022 **by and between** XX company and YY company.

- YY は、2022 年 3 月 31 日までは製品を購入する選択権を有する。

YY has an option right to purchase the Products **until and including** March 31, 2022.

YY has an option to buy the Products **until and including** March 31, 2022.

等位接続詞の理解

　「～と～」というように並べた要素をつなぐ接続詞（等位接続詞と呼ぶ）にも注意が必要です。不明確さが生じないように理解を深めましょう。

[接続詞 and]

A and B	［A］および［B］
A, B, and C	［A］および［B］および［C］
A and B, and C	［A および B］ならびに［C］
A and B, and C and D	［A および B］ならびに［C および D］
A and B, and C, D and E	［A および B］ならびに［C、D および E］

[接続詞 or]

A or B	［A］または［B］
A, B, or C	［A］または［B］または［C］
A or B, or C	［A もしくは B］または［C］
A or B, or C or D	［A もしくは B］または［C もしくは D］
A or B, or C, D or E	［A もしくは B］または［C、D もしくは E］

＊列挙する要素が 2 グループ以上の場合にはグループ間にコンマを置く。

＊A, B, and C または A, B, or C の and の前のコンマ（シリアルコンマと呼ぶ）は基本的に入れるが（Unit 3 p.78 の **Memo**「3 つ以上の列挙にはシリアルコンマを入れよう」参照）、各グループ内では、1 つのグループであることを視覚的にわかりやすくするためにシリアルコンマを省略する。例えば、［接続詞 and］の場合の A およびB」ならびに「C、D および E」は、通常通りにシリアルコンマを入れると A and B, and C, D, and E となり、視覚的に読みとりづらい。そこで、A and B, and C, D and E のようにシリアルコンマを省略することで、［C, D and E］が 1 つのグループであることをわかりやすくできる。

[and/or]

A and/or B 　　［A および B］または［A または B］

＊A and B と A or B を同時に表現する and/or を使うことができる。

Point 3 契約書の法律用語と古典的な言葉づかい

契約書には法的文書としての独特の表現があります。例えば代名詞表現の herein や therein、hereto や thereto などがあります。契約書では、解釈の揺れる代名詞 it を使うことができません。そこで、例えば in this Agreement（本契約書で）といった明らかな名詞に対して in it と表す代わりに、herein を使用します。

① here/there ＋前置詞

here/there は代名詞の代わりとなり、herein = in it, hereto = to it, therein = in it, thereto = to it, thereof = of it のように代名詞 it（that）が含まれた表現を考えることができます。

it（または that）が指すものは、this Agreement（本契約書）や this Article（本条項）となります。

herein/therein = in this Agreement
hereto/thereto = to this Agreement
hereof/thereof = of this Agreement
hereby/thereby = by this Agreement

他にも、hereafter, hereunder などと様々な前置詞と組み合わせた表現があります。

● ライセンシーは、ライセンサーの事前の書面の同意なしに、契約もしくはその一部または契約上の権利もしくは義務を譲渡してはならない。

Licensee shall not assign this License Agreement nor any part thereof nor any rights or obligations hereunder without prior written consent of Licensor.

* any part thereof = any part of it = any part of this License Agreement
* any rights or obligations hereunder = any rights or obligations under it = any rights or obligations under this License Agreement

②契約書に特徴的な古典的言葉づかい

SALES AGREEMENT

主語

This Agreement made and entered into as of Month Day, Year, by and between YY corporation and ZZ corporation,

頭書

WITNESSETH ← 動詞 THAT:

WHEREAS, YY desires to _____; and
WHEREAS, ZZ is willing to _____.

目的語

NOW, THEREFORE, in consideration of the mutual agreements contained herein, the parties agree as follows:
Article 1 ← 条項へ続く
……

* WITNESSETH は witness（〜を目撃する、〜の証拠となる）の -es 形（三人称単数現在形）。つまり witnesses の古い書き方。
* This Agreement を主語、WITNESSETH THAT（〜の証拠となる）を動詞として、SVO の一文で書くという伝統的な契約書の書き方がある。
* 頭書の This Agreement is made and entered into ... を This Agreement made and entered into ... とすることで、「〜により締結されたこの契約は」を主語に使用。「主語 + witnesses(witnesseth) + 目的語」という文構造。
* WITNESSETH, WHEREAS は古典的な契約書の文言。WITNESSETH THAT: ... として、that 節内に WHEREAS ... 以下を置いた形。THAT を省略して WITNESSETH: ... と書くことも可能。

Memo 契約書の特殊なフレーズ：subject to, without prejudice to, including, but not limited to ほか

■ subject to ...　〜を条件とする、〜に従う
例：The Seller shall be entitled to damages **subject to** the following: …
　　（以下の条件に従って、売り手は損害賠償請求をすることができる。）

■ provided that ...　但し〜すること
例：This Agreement shall come into force on the date of execution,

provided that approval by the board of directors must be obtained prior to execution.

（本契約は調印の日に発効する。但し、調印に先立って取締役会の認可を取得すること。）

■ without prejudice to ...　（他の権利）に影響を及ぼすことなく、〜を害することなく

例：**Without prejudice to** any other remedies and rights hereunder, either party may terminate this Agreement by providing a written notice to the other party.

（いずれの当事者も、他方当事者に書面で通知して、本契約上の救済手段や権利に影響を与えることなく本契約を解除できる。）

■ unless otherwise ...　別途〜しない限り

例：**unless otherwise** provided in this Agreement（本契約に別に定めがない限り）

unless the parties agree in writing **otherwise**（当事者が別途書面により合意しない限り）

unless the context **otherwise** requires（文脈上他の意味に解されない限り）

■ be liable for ..., be responsible for ...　〜に責任がある

例：Distributor shall **be responsible for** any expenses incurred by itself during the performance of the Service.（販売店は、本サービスを提供する際にかかる一切の費用について負担する）

Neither party shall **be liable for** its failure in performing any of its obligations under this Agreement when such failure is due to fire, flood, earthquake, strikes, ... or any other causes beyond the control of the parties hereto.

（いずれの当事者も、本契約書に定める義務の不履行が火災、洪水、地震、ストライキ…その他、当事者の制御不能な事由を原因とする場合には責任を負わないものとする。）

■ including, but not limited to, ... / including without limitation ...　〜

を含むがこれに限定されずに、制限なしに…を含む

＊「〜などを含むが限定されない」の意味で使い、例示したもの以外に
も契約書がおよぶ範囲を広げる。

例：XL shall not be liable for any damages, **including, but not limited
to,** any special, direct, indirect, incidental, or consequential
damages, expenses, lost profits, or any other damages arising out
of the use or inability to use the Product.

（XL 社は、製品の使用や使用できなかったことから生じ得る特別、直接的、
間接的、付随的、または派生的に生じた損害、費用、利益の逸失またそれに
限定されないあらゆる損害に対して、一切の責任を負わない。）

■ at the expense of XX / at XX's expense,　〜の費用負担で

（at its own expense の場合「自己の費用負担で」）

例：Licensee agrees to permit Licensor, **at Licensor's expense**, to
periodically examine its books and records during regular business
hours.

（ライセンシーは、ライセンサーが、ライセンサーによる費用負担で、定期的
に通常の営業時間中にライセンシーの帳簿および記録を検査することを認め
ることに同意する）

■ notwithstanding ...　〜にもかかわらず

Notwithstanding the provision of Article XX, ...（第 XX 条の定めにも
関わらず…）

契約書の作成練習

練習

秘密保持契約書

　ABC コーポレーション（1234 XY Street, Lexington, CA 56789 に住所を有する）（以下、「開示当事者」）と DE コーポレーション（123-456 東京都杉区緑町 34 に住所を有する）（以下、「受領当事者」）とは、開示当事者が受領当事者に開示する秘密情報の不正な開示を防ぐ目的で、2022 年 6 月 10 日付けにて、以下のとおり秘密保持契約（以下、「本契約」）を締結する。

第 1 条　本契約における「秘密情報」は、開示当事者が従事する事業において商業的価値またはその他の有用性を有するまたはその可能性のある一切の情報または資料を含む。書面の秘密情報について、開示当事者は当該資料に「秘密」の文字または同様の警告を表示する。秘密情報が口頭で伝達された場合には、開示当事者は当該情報が秘密情報であることを示す書面を速やかに提供する。

第 2 条　本契約に基づく受領当事者の守秘義務は、以下の情報を適用外とする。
(a) 開示を受けたときに既に公知であったか、受領当事者の責任によらずにその後公知となった情報。
(b) 開示当事者による開示の前に受領当事者が発見または作成した情報。
(c) 開示当事者または開示当事者の代理人以外の正当な手段で受領当事者が知ることになった情報。
(d) 開示当事者の書面による事前の承認を得て受領当事者が開示した情報。

第 3 条　受領当事者は、開示当事者の唯一かつ排他的な利益のために秘密情報を厳重に保持する。受領当事者は、秘密情報を利用できるものとして、合理的に必要とされる従業員、請負業者、および第三者に注意深く制限しそれらの者に本契約と同等以上の保護について定めた秘密保持制約を求める。受領当事者は、開示当事者の書面による事前承認なしに、受領当事者の利益のために秘密情報を使用、公表、複製に

よって他者への開示や他者の利益のためまたは開示当事者の不利益のために他者が使用することを許可してはならない。受領当事者は、開示当事者が書面で要求した場合、秘密情報に関連して保有しているすべての記録、メモ、その他の書面、印刷、または有形の資料を、直ちに開示当事者に返却する。

第4条　本契約の秘密保持規定は、本契約の終了後も存続するものとし、受領当事者の秘密保持義務は、秘密情報が営業秘密としての資格を持たなくなるまで、または開示当事者が受領当事者に本契約から解放する書面による通知を送付するまで有効に存続する。

第5条　本契約は、両当事者が署名した書面による合意によってのみ修正することができる。

　以上の証として、本契約の両当事者は、冒頭に記載の日付において本契約を締結するものとする。

開示当事者

_____ （署名）

社長　ジョージ・スミス

受領当事者

_____ （署名）

代表取締役　青木　武司

作成例

NONDISCLOSURE AGREEMENT

This Nondisclosure Agreement (the "Agreement") is entered into on June 10, 2022 by and between ABC Corporation with a mailing address of 1234 XY Street, Lexington, CA 56789, (the "Disclosing Party") and DE Corporation with a mailing address of 34 Midori-cho, Sugi-ku, Tokyo 123-456 (the "Receiving Party") to prevent the unauthorized disclosure of Confidential Information as defined below.

Article 1. "Confidential Information" shall include all information or material that has or could have commercial value or other utility in the business in which the Disclosing Party is engaged. If Confidential Information is in written form, the Disclosing Party shall label the materials with the word "Confidential" or a similar warning. If Confidential Information is transmitted orally, the Disclosing Party shall promptly provide writing indicating that such oral communication constituted Confidential Information.

Article 2. The Receiving Party's obligations of confidentiality under this Agreement will not apply to any information:

(a) publicly known at the time of disclosure or subsequently becomes publicly known through no fault of the Receiving Party;

(b) discovered or created by the Receiving Party before disclosure by the Disclosing Party;

(c) learned by the Receiving Party through legitimate means other than from the Disclosing Party or Disclosing Party's representatives; and

(d) disclosed by the Receiving Party with the Disclosing Party's prior written approval.

Article 3. The Receiving Party shall hold and maintain the Confidential Information in strictest confidence for the sole and exclusive benefit of the Disclosing Party. The Receiving Party shall carefully restrict access to Confidential Information to employees, contractors, and third parties as is reasonably required and shall require those persons to have restrictions at least as protective as those in this Agreement. The Receiving Party shall not, without the prior written approval of the Disclosing Party, use for the Receiving Party's benefit, publish, copy, or disclose to others, or permit the use by others for their benefit or to the detriment of the Disclosing Party, any Confidential Information. The Receiving Party shall return to the Disclosing Party any and all records, notes, and other written, printed, or tangible materials in its possession pertaining to Confidential Information immediately if the Disclosing Party requests such in writing.

Article 4. The nondisclosure provisions of this Agreement shall survive the termination of this Agreement and the Receiving Party's duty to hold Confidential Information in confidence shall remain in effect until the Confidential Information no longer qualifies as a trade secret or until the Disclosing Party sends the Receiving Party written notice releasing the Receiving Party from this Agreement.

Article 5. This Agreement may be amended only by a written agreement signed by both of the parties.

IN WITNESS WHEREOF, the parties hereto have executed this Agreement as of the date first above written.

Disclosing Party:

_____ (Signature)

Name: George Smith
Title: President

Receiving Party:

_____ (Signature)

Name: Takeshi Aoki
Title: Managing Director

契約書の表現集

❶表題

> ＿＿＿＿＿＿＿ **Agreement**（〜契約）

- 売買契約、物品売買契約　　　Sales Agreement
- ライセンス契約、使用許諾契約　License Agreement
- リース契約、賃貸借契約　　　Lease Agreement
- エージェント契約、代理店契約　Agency Agreement
- 販売契約　　　　　　　　　　Distribution Agreement
- 代理店契約　　　　　　　　　Distributorship Agreement
- 合弁契約　　　　　　　　　　Joint Venture Agreement
- 秘密保持契約　　　　　　　　Nondisclosure Agreement

❷頭書

- 本契約は、＿＿＿＿法に基づき設立され存続し、＿＿＿＿に主たる事業所を有する XX 社（以下、「XX」と呼ぶ）と＿＿＿＿法に基づき設立され存続し、＿＿＿＿に主たる事業所を有する YY 社（以下、「YY」と呼ぶ）との間で 2022 年 10 月 3 日に締結された。

This Agreement is made and entered into as of October 3, 2022, by and between:

(1) XX corporation, a company organized and existing under the laws of ＿＿＿＿＿＿＿＿, and having its principal office at ＿＿＿ (hereinafter called "XX"), and

(2) YY corporation, a company organized and existing under the laws of ＿＿＿, and having its principal office at ＿＿＿ (hereinafter called "YY").

❸前文

- XX は＿＿＿＿を希望している。

XX desires to ＿＿＿.

❹本文：
❹-1　定義条項

● 第1条　定義
本契約において、以下の単語および表現は、文脈上別の意味を持つ場合を除き、以下を意味する。
Article 1. Definitions
In this Agreement, the following words and expressions shall, unless the context otherwise requires, have the following meanings:

● 1.「本製品」とは、商標MYOおよびその他の関連商標が付され、売主によって直接または間接的に製造および販売されるすべての製品を含む。
1. "Products" means all products with the trademark MYO and other relevant trademarks thereon, which are manufactured and sold directly or indirectly by Seller.

❹-2　実質条項

● 第10条　製品の売買
ABコーポレーションはEFコーポレーションに対し、本契約に定める条件に基づき本製品を売り渡し、EFコーポレーションはABコーポレーションからこれを買い受ける。
Article 10. Sales of Products
AB Corporation shall sell to EF Corporation, and EF Corporation shall purchase from AB Corporation the Products in accordance with and subject to the terms and conditions set forth herein.

● 第11条　個別契約
数量、納期、引渡し場所その他の個々の取引に必要な事項は、別途個別契約をもって当事者間の合意により定めるものとする。
Article 11. Individual Agreements
The quantity, delivery date and place, and other items necessary for individual transactions shall be described in the Individual Agreements to be separately agreed upon by the parties.

● 第15条　価格

EFコーポレーションに売り渡される本製品の価格は別表記載の通りとする。

Article 15. Price

The price of the Products to be sold to EF Corporation shall be as described in the Exhibit.

❹-3 契約の期間ほか

● 第 20 条　期間（＊一定期間の契約の場合）
本契約は、2022 年 8 月 1 日に有効となるものであり、本契約の条件に従って中途解除されない限り、その後 3 年間存続するものとする。

Article 20. Term

This Agreement shall become effective on August 1, 2022, and shall remain in effect for a period of three (3) years from that date, unless terminated earlier in accordance with the terms hereof.

● 第 20 条　期間（＊協議により更新する契約の場合）
この契約は 2022 年 8 月 1 日に有効となるものであり、本契約ならびに本契約により与えられた権利の有効期間はその日から 2026 年 7 月 31 日に終了する。延長のための条件は 2026 年 5 月 31 日までに合意されなければならない。

Article 20. Term

This Agreement shall become effective on August 1, 2022. The term of this Agreement and the rights granted under this Agreement shall run from that date and shall end on July 31, 2026, unless renewed by further agreement in writing between the parties, such terms to be agreed by May 31, 2026.

　＊「期間」は Term（単数形）や Period, Effective, Period（有効期間）を用いる。
　　なお、複数形の terms は契約の「条件」を表す。

● 第 21 条　修正・変更
本契約の修正または変更は、両当事者が書面により行わない限り、行うことができない。

Article 21. Amendment and Modification

This Agreement may not be amended or modified unless the parties so agree in writing.

●第 22 条　不可抗力について

売主は、売主の合理的な制御を超えた不測の事態または事由により引き起こされた履行の遅延または不履行については、それに起因するいかなる請求または損害に対して、責任を負わないものとする。

Article 22. Force Majeure

Seller shall not be responsible for any claims or damages resulting from any delays in performance or for non-performance due to unforeseen circumstances or causes beyond Seller's reasonable control.

❺後文と署名

●本契約の証として、2022 年 5 月 31 日付けで両当事者は本契約に署名した。

IN WITNESS of this Agreement, the parties have executed this Agreement as of May 31, 2022

●以上の証として、本契約の両当事者は、冒頭に記載の日付において本契約を締結するものとする。

IN WITNESS WHEREOF, the parties hereto have executed this Agreement as of the date first above written.

Message to You

特許文書と契約書の共通点

　本書では 10 の技術文書を取り上げていますが、扱わなかったもう 1 つの重要な技術文書に「特許文書」があります。高度な技術、つまり発明を保護するために特許出願する際に必要となる「特許明細書」と呼ばれる文書です。英語の技術文書を扱う読者の中には、英文特許明細書の作成（翻訳）に携わっている方もおられると考え、ここで特許文書に触れます。

　特許明細書は、新規技術を説明するという点において、「論文」に似ています。構成する項目も、例えば論文の「タイトル」、「アブストラクト」、「イントロダクション」に対して、特許明細書にも対応する「タイトル」、「アブストラクト」、「背景技術」があります。また、論文で手法や実験について説明する「実験方法」の項目は、特許明細書で発明の詳細を説明する「実施の形態」という項目に対応します。

　一方、両文書には大きな違いがあります。論文には、新規技術を「論じる」という役割から、「考察（Discussion）」という項目があります。著者の考えや推論を主張する項目です。対する特許明細書にはその項目はなく、新規技術、つまり「発明」を保護する目的で「主張する権利範囲」を記載する「請求項（Claims）」と呼ばれる独自の項目があります。「請求項」は、特許明細書の肝となる、法律的な記載部分です。論文には類似した記載が存在しない一方で、法的文書である「契約書」との共通点を見出すことができます。

　米国出願用の特許明細書の「請求項」の一例を見てみましょう。

We claim:
　　1. **An impact driver**, comprising:
　　a housing;
　　a motor housed in the housing;
　　a drive system including a hammer and an anvil;
　　a bit holder assembly; **and**
　　a sound damping material which reduces sound produced by the

---

impact driver.

2. The impact driver of claim 1, wherein
the sound damping material is inside the housing.

タイトル：POWER TOOL SOUND DAMPING

特許公開番号：US20200306942A1

参考和訳

（我々は）以下（の権利範囲）について（特許）**請求する。**

　　1. **インパクトドライバー**であって、

　　ハウジングと、

　　前記ハウジングに収容されているモーターと、

　　ハンマーとアンビルを含む駆動システムと、

　　ビットホルダ部と、

　　前記インパクトドライバーが発生する音を低減させる吸音材と

　　を備える、インパクトドライバー。

　　2. 前記吸音材がハウジングの内部にある、

　　請求項1に記載のインパクトドライバー。

　　この請求項の英文構造は、We claim an impact driver「我々は、インパクトドライバー（の以下の権利範囲）を（特許）請求する。」というSVO構文です。目的語にあたる an impact driver に対して、続けて comprising（〜を含む）という分詞（この単語は専門的には「移行句」と呼ばれます）で修飾し、コロン（:）の後に、インパクトドライバーの構成要件である a housing, a motor, a drive system, a bit holder assembly, a sound damping material を並べています（この様式は特に米国の特許出願で使用され、「構成要件列挙型」と呼ばれることがあります）。各構成要件には、それぞれ修飾が加わり、構成要件間の関係や構成要件の詳細が定義されます。構成要件間は、セミコロン（;）で区切ります。この請求項1は「独立項」と呼ばれます。この請求項1に、請求項2が「従属」しています。請求項2は、「従属項」と呼ばれ、従属先の請求項（つまり請求項1）の限定すべてを含み、さらなる限定を加えます。この例では、請求項1に登場した構成要件である sound damping material の位置の説明を加えています。

　　次に、このような「特許明細書」と「契約書」の類似点を考えてみます。ま

ずは、法律的記載部分である「請求項」です。契約書の古典的文言に、This Agreement witnesses that ＿＿＿＿＿＿＿＿ .（この契約書は～であることを目撃している）という SVO 構文があることを説明しました（p. 282 参照）。請求項の We claim ＿＿.（我々は～を請求している）と形が似ています。句読点の使い方も同じです。

契約書の SVO 構文

This Agreement

                  WITNESSETH THAT:（= witnesses that）

WHEREAS,   **; and**

WHEREAS,   **.**

特許請求項の SVO 構文

We claim:

    1. **An impact driver**, comprising:

a housing**;**

...   **; and**

a sound damping assembly ...   **.**

　また他にも、契約書には、解釈が揺れる代名詞 it が使えないため、hereof や thereof といった表現を使うことを説明しました（p. 281 参照）。「A および B」または「A または B」を表すために A and/or B が使われる場合があることにも触れました（p. 280 参照）。特許明細書でも、and/or や thereof といった表現が見られることがあります。法律的記載部分である「請求項」にも見られることがありますが、本例では、「実施の形態」から抜粋します。

　Additionally, many power tools, such as fastening tools, emit excess sound **and/or** noise. Such excess sound **and/or** noise can be unpleasant to the user and others within a hearing distance **thereof**.

同 US20200306942A1

参考和訳 さらに、締結工具などの電動工具の多くは、過度な音やノイ

ズ（音、ノイズの**一方または両方**）を発生する。そのような過度な音やノイ
ズ（音、ノイズの**一方または両方**）は、ユーザーや、**それらの**聞こえる範囲
内にいる他の人にとっても不快なものとなり得る。

なお、昨今の特許明細書では、and/or や thereof を控え、より明確に表現
する傾向が強まっているため、上記は、例えば次のように表現することがお薦
めです。

Additionally, many power tools, such as fastening tools, emit excess
sound **or** noise. Such excess sound or noise can be unpleasant to the user
and others within the hearing distance **of such sound or noise**.

（and/or は、法律的な記載部分でなければ or または and の一方に変更するか、または
A or B or both とでき、法律的な記載部分であれば、thereof は、of the ＿＿ と具体
的な名詞を繰り返します。）

また、契約書の特殊なフレーズとして、including, but not limited to,
…（を含むがこれに限定されずに）を紹介しました（p. 282 Memo 参照）。同じフ
レーズが、特許文書にも見られることがあります。

The power tool drive mechanism disclosed herein can be used with
a broad variety of fastening tools, **including but not limited to,**
nailers, drivers, riveters, screw guns and staplers.

（同 US20200306942A1）

参考和訳 ここに（本明細書に）開示した電動工具駆動機構には、釘打ち
機、ドライバー、リベッター、スクリューガン、ステープラーなどが**含ま
れるがこれらに限定されるものではなく**、種々の締結工具に利用すること
ができる。

加えて、特許明細書では、明記した例以外の別例や別の数値でもよいことを示
すために、「実施の形態」において助動詞 may を使うことがあります。例え
ば次のような記載があります。

For example, the maximum magnitude of a vibration produced by a power tool component or power tool **may** be reduced by 30% or more; 40% or more; 50% or more; 60% or more; 70% or more; or 80% or more, as compared to a power tool or component without a sound damping member.　　　　　　　　　　　（同 US20200306942A1）

参考和訳 例えば、電動工具部品や電動工具が発生する振動の最大値を、吸音材を備えない電動工具や部品と比べて、30%以上、40%以上、50%以上、60%以上、70%以上、または80%以上削減する**ものであってもよい**。

特許明細書は法的文書の一種と考えられるため、「許容の may」で特許出願人の権利範囲内に入ることを表しています。ここでも、「契約書」で説明した法的文書の助動詞の一例「権利を表す may」と同様に理解できます（p. 276参照）。他の文書、例えば論文に登場する may は、「起こり得る可能性」を表します（p. 319 参照）ので、ここでも、文書によって意味合いが異なってくることが理解できます。

特許明細書の法律的な部分を契約書と同類と理解することで、両方の文書の表現の理解が進みます。1つの文書だけを扱って表現を覚えるよりも、複数の文書の特徴を知り、文書間の共通事項や重なり合う部分を検討することで、各文書の役割に基づく特徴が理解することができ、正しく表現できる可能性が高まります。

Unit 5

論文
Research Article

　論文（Research article）では、独自の技術を報告して論じます。得られた研究結果から、推論や普遍的知見を導き出します。発表予定の媒体、つまり投稿予定のジャーナルの規定に従い、研究の成果が的確に伝わる形式で記載します。学術的で難解な文面になりがちですが、平易に読めるように工夫することが大切です。また、著者が導き出した知見や推論が的確な度合いで伝わるように書きます。

独自の研究を適切に報告し論じる論文執筆のために

☑タイトルとアブストラクトを効果的に書くことで、本文へと読み手を導く。

☑知見や推論を伝える表現を理解する。

☑適切な専門用語（主に名詞）を使う一方で、平易で明快な動詞を使うことで読みやすくする。

☑効果的なカバーレターと著者プロフィールを準備しておく。

論文のスタイル

❶表題

> 名詞形で書くのが一般的。内容が具体的に伝わるように。また、名詞の係りを適切な前置詞などでわかりやすく表現 (p. 311)

All-fiber coherent beam combining for high-power pulse fiber lasers

Taro Yamada

Abstract: Coherent beam combining of lasers is a method of power scaling that obtains high energy density and high beam quality by integrating multiple laser beams in a mono-light wave. However, coherent beam combining using optical fibers is technically limited by fluctuations in the optical phases and polarization. In this study, we have developed an all-fiber coherent beam combining (CBC) system that can precisely control optical path lengths. The system achieved a beam combining efficiency of 97.5% using an aluminum coated fiber (ACF) to minimize optical path length differences, and successfully regulated changes in the beam combining efficiency to less than 1.0%. Our system demonstrates efficient and stable coherent beam combining of laser beams, raising the possibility of achieving a high-power pulse fiber laser beyond pulse energy limits.

❷アブストラクト

> 研究の主題や問題を提示し、実際に何を行ったかを説明、主要な結果と示唆を含める。簡潔性を重視。話の流れがわかりやすくなるよう時制を工夫。一例は、今の問題に現在形や現在完了形、本研究の導入に現在完了形や現在形、実験記載に過去形、今後のことに現在形や will

Introduction ● ③導入

For laser machining of difficult-to-cut materials, such as carbon-fiber-reinforced plastics (CFRPs), fiber lasers are required to produce higher power.[1] To develop a high-power fiber laser including a coherent beam combining (CBC) system, laser beams from multiple fiber amplifiers are integrated to produce a high-power output beyond the limit of a fiber amplifier.[2] However, coherent beam combining of fiber lasers is technically limited by fluctuations in the optical phases and polarization of the optical fibers due to disturbances. To enable highly efficient and stable combining of laser beams, we have developed a CBC system that can precisely control fiber lengths.

Methods ● ④実験方法

Setup of the CBC System

The CBC system splits a pulse laser with a 3dB coupler, and then amplifies the laser output with fiber amplifiers that have several optical paths. The system controls polarization with polarization controllers, locks the optical phases with optical length control using an aluminum coated fiber (ACF), and re-combines the phases at an output port of a 3dB coupler. The system is housed in an insulation box to reduce changes in the optical path lengths under ambient temperature fluctuations.

CBC with Femtosecond Fiber Laser

A femtosecond pulse fiber laser was used as a light source. The fiber laser generated 140-fs pulses with a repetition frequency of 5 MHz and an average power of 10 mW. The spectrum of the combined output was measured with an analyzer to observe the stability of the output.

⑤結果

Results

Figure 1 shows the optical spectra of combined pulses with optical path length differences of 80 μm and 0 μm.

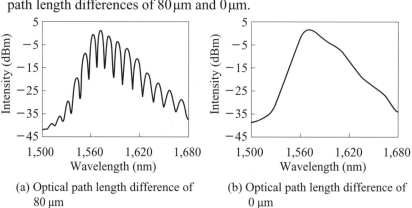

(a) Optical path length difference of 80 μm

(b) Optical path length difference of 0 μm

Figure 1. Spectra of combined femtosecond pulses at an output port of a 3dB coupler

Discussion **⑥考察**
Combined Spectra

The measurement results reveal that the differences in the optical path lengths in the CBC system can cause a mismatch in the optical phases between the two pulses. The combined pulse with the mismatching optical phases generates beat frequencies as shown in Figure 1(a). With the combined pulse spectra with beat frequencies, the CBC system cannot combine the two pulses with high efficiency. In contrast, with the system having an ACF minimizing the optical path length differences, all optical phases in broad spectrums of the femtosecond pulses were consistent, achieving a beam combining efficiency of 97.5%.

論文の目的、行ったこと、その結果を列挙し、重要性を強調。
考察で得た解釈を解決したい問題に対応させて書く。今後の
予定にも触れる。現在完了形、現在形、そして未来への言及
や可能性を表す助動詞表現が可能

Conclusions ⑦結論

Our CBC system can precisely control fiber lengths with an ACF. The system has achieved a beam combining efficiency of 97.5%, with the ACF minimizing the differences in the optical path lengths. In addition, the system successfully regulated changes in the beam combining efficiency to less than 1.0%. Our all-fiber system demonstrates efficient and stable coherent beam combining (CBC) of femtosecond pulses toward achieving a high-power pulse fiber laser beyond pulse energy limits. Further studies include automatic control of electric power with an ACF to increase pulse energy.

誰が何をしてくれたかを簡潔に書く。
経済的支援は Our research was/is supported
by ＿＿＿＿＿（機関名）とする

Acknowledgments ⑧謝辞

The author thanks Professor K. Sato and Professor Y. Tamura for their review of the manuscript. This work was financially supported by JP Grant No. 123456.

投稿予定のジャーナルのスタイルに合わせる。
文献情報の誤記に気を付ける

References ⑨参考文献

1. J. Miller et al., Diffraction-limited fiber lasers and amplifiers for high average power, *Optics Communication* 20, 100–108 (2015).
2. M. Smith, Laser Beam Combining for High-speed Material Processing, *Electronics Journal* 10, 220–228 (2018).

本論文サンプルは、次の論文を参考にして、本書の例示目的で作成したものです。参考論文からの変更を含みます。

1. 電気学会論文誌 C（電子・情報・システム部門誌）2016 年 Vol. 136 No. 1 pp. 70-75「パルスファイバレーザーの高出力化を目的とした全ファイバ型位相加算レーザーシステムの開発」閑林 優太、吉田 実、井上 大樹

2. Y. Kambayashi, M. Yoshida, T. Inoue, M. Yoshikawa, "All fiber coherent addition technology toward development of high-power fiber laser," ICALEO 2014, 1068 (2014); https://doi.org/10.2351/1.5063025. Copyright 2014, Laser Institute of America, Orlando, Florida. All rights reserved.

3. Y. Kambayashi, M. Yoshida, T. Inoue, M. Yoshikawa, "Development of high energy femtosecond fiber laser by all fiber coherent beam combining technology," 2015 Conference on Lasers and Electro-Optics Europe & European Quantum Electronics Conference (CLEO/Europe-EQEC), 2015, © 2015 IEEE

高出力パルスファイバーレーザーを可能にする
全ファイバーコヒーレントビーム結合

ヤマダ タロウ

アブストラクト

　レーザーのコヒーレントビーム結合とは、複数のレーザー光を一本の光波に合波することで、高エネルギー密度、高ビーム品質を得る高出力化の手法である。しかし、光ファイバーによるコヒーレントビーム結合は、位相の偏波状態が変動するために技術的制約があった。そこで、本研究では、光路長差を最小化するアルミニウム被覆ファイバーを使用し光路長を精密に制御するコヒーレントビームシステムを開発した。本システムによると、光路長差を最小化するアルミニウム被覆ファイバーを使用して光ビーム結合効率 97.5% を達成した。また、ビーム結合効率の変動を 1.0% 以下に抑えることに成功した。本システムにより、パルス光を高効率かつ安定に再結合することが可能であることを実証でき、従来のパルスファイバーレーザーにおける出力限界を超える高出力化の可能性が高まった。

導入

　炭素繊維強化プラスチックなどの難削材のレーザー加工にファイバーレーザーの高出力化が求められている。[1] コヒーレントビーム結合システムを備えた高出力ファイバーレーザーを開発するために、複数のファイバー増幅器からのレーザー光を統合し、ファイバー増幅器の限界を超える高出力を得る。[2] しかしながら、ファイバーレーザーのコヒーレントビーム結合は、光ファイバーの位相や偏波状態が外乱により変動するため、技術的制約があった。そこで、レーザー光の高効率で安定した結合を可能にするために、ファイバー長を精密に制御できるコヒーレントビームシステムを開発した。

実験方法
コヒーレントビームシステムの構造

　コヒーレントビームシステムにおいて、パルスレーザーを 3dB カプラで分岐し、複数の光路を有するファイバー増幅器でレーザー出力を増幅する。偏光制御器で偏光を制御し、アルミニウム被覆ファイバーを用いた光長制御で光位相を固定し、3dB カプラの出射ポートにて再結合する。本システムは、周囲温度の変化による光路長の変動を抑えるために、断熱性のある箱に収納した。

フェムト秒ファイバーレーザーを用いたコヒーレントビーム結合

　フェムト秒パルスファイバーレーザーを光源として使用した。ファイバーレーザーは、繰り返し周波数 5MHz、平均出力 10mW の幅 140fs のパルスを発生させた。出力の安定性を観察するため、結合した出力のスペクトルを解析器で測定した。

結果

　光路長差 80μm と 0μm の結合パルスの光スペクトルを図 1 に示す。

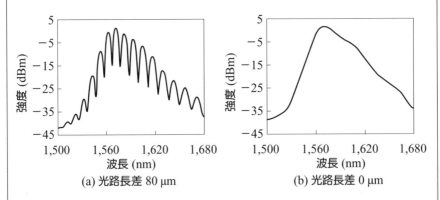

(a) 光路長差 80 μm　　　(b) 光路長差 0 μm

図 1　3dB カプラの出力ポートにおける結合フェムト秒パルスのスペクトル

考察
結合スペクトル

　測定結果によると、コヒーレントビームシステムの光路長の違いにより、パルス間において光位相の不一致が生じることがわかった。このような光位相の不一致がある結合パルス間で、図 1 (a) に示すようなビート

周波数が発生する。このようなビート周波数を有する結合パルススペクトルでは、コヒーレントビームシステムは２つのパルスを高効率で結合することができない。一方、光路長差を最小化するアルミニウム被覆ファイバーを使用したシステムでは、フェムト秒パルスの広いスペクトルにおいて光位相が一致し、ビーム結合効率 97.5% を達成することができた。

結論

　本コヒーレントビームシステムでは、アルミニウム被覆ファイバーを用いてファイバー長を精密に制御できる。アルミニウム被覆ファイバーによって光路長差を最小化し、ビーム結合効率 97.5% を達成することができた。また、結合効率の変動を 1.0% 以下に抑制することに成功した。本システムにより、従来のパルスファイバーレーザーにおける出力限界を超える高出力化に向けてフェムト秒パルスのコヒーレントビーム結合が高効率かつ安定に行えることが実証できた。今後は、アルミニウム被覆ファイバーによる電力の自動制御によりパルスの高エネルギー化を図る。

謝辞

　K・サトウ教授と Y・タムラ教授に原稿を読んでもらったことに感謝している。本研究は、日本学術振興会による助成金第 123456 号により支援されている。

参考文献

1. J・ミラー他、高平均出力用回折限界ファイバーレーザーと増幅器、オプティクスコミュニケーション 20 巻、p. 100-108、2015 年。
2. M・スミス、高速材料加工におけるレーザビーム結合、エレクトロニクスジャーナル 10 巻、p. 220-228、2018 年。

II
5

論文

Point 1 　無生物主語の能動態が基本、一人称は戦略的にのみ使用

　英語論文は難解に表現されがちですが、多くの読者に読まれるためには、簡潔に書くことが大切です。また、能動態と受動態を適切に使用することも大切です。一人称 We や I を主語として使用するかどうかの議論がなされることがあります。無生物主語の能動態を基本として簡潔に書くこと、一人称の主語は、使うことで明確にできる場合にのみ、戦略的に使うことをお薦めします。例文3つをブラッシュアップします。

● インターネットによって地理的な障壁が取り払われ、世界中の人々がリアルタイムに交流できるようになった。

　×Thanks to the Internet, geographical barriers were removed, and it became possible for people across the globe to interact in real time.

　　問題点 (a) 句が文頭に飛び出している。(b) 受け身と仮主語構文の使用。
　　(c) 過去形の使用。

　ブラッシュアップ

　◎The Internet has removed geographical barriers and allowed people across the globe to interact in real time.

　　改善点 (a) 無生物を主語に。(b) SVO を基本に。(c) 時制を工夫。

● 希釈乳剤の粘性を調査するために、安定した乳剤を調合する技術を開発することが重要である。

　×To investigate the viscosity of dilute emulsions, it is important to develop techniques for preparing stable emulsions.

　　問題点 情報が出るのが遅い。

◎Investigating the viscosity of dilute emulsions requires techniques for preparing stable emulsions.

改善点　(a) 話題がすぐにわかる。(b) SVO で読みやすく。

● 今回の肌の炎症は、刺激物 A と B に触れたために起こったと考えられる。

×It is thought that the skin inflammation was caused by accidental exposure to irritants A and B.　＊It is thought は著者の意見ではない。「一般的に思われている」を意味するため不適。

×We believe that the skin inflammation was caused by accidental exposure to irritants A and B.　＊We believe は著者の個人的意見を意味するため不適。

ブラッシュアップ

◎The skin inflammation was seemingly caused by accidental exposure to irritants A and B.　＊〜のようだ。

◎The skin inflammation may have been caused by accidental exposure to irritants A and B.　＊〜の可能性がある。

◎Our data demonstrates that the skin inflammation was caused by accidental exposure to irritants A and B.　＊〜を示す（reveals/indicates/suggestsといった動詞で意味を調整する）。

Memo 『ACS スタイルガイド』（アメリカ化学会のスタイルガイド）＊からの指針

(1) 簡潔性、(2) 能動態と受動態の使用、(3) 一人称の使用、について、アメリカ化学会スタイルガイド＊の指針を示します（イタリック文字が抜粋）。

＊*The ACS Style Guide: Effective Communication of Scientific Information,* 3rd Edition, Anne M. Coghill, Lorrin R. Garson, 2006

(1) 簡潔に書くこと
➤*Omit empty phrases such as*（空っぽフレーズを避ける）
　例：*It is interesting to note that*
　　　It was demonstrated that

II
5

論文

➤*Write economically by using single words instead of phrases.*（句をやめて一語で短く書く）

it is clear that → *clearly*
in order to → *to*
by means of → *by*
at present → *now*

(2) 能動態と受動態の使用

➤*Use the active voice when it is less wordy and more direct than the passive.*（語数が減る・直接的に言える時は能動態を使う）

× *The fact that such processes are under strict stereoelectronic control is demonstrated by our work in this area.*

○*Our work in this area demonstrates that such processes are under strict stereoelectronic control.*

(3) 一人称 We や I の使用

➤*Use first person when it helps to keep your meaning clear and to express a purpose or a decision.*　（意味を明確にするため、また目的や決断を示すためなら一人称が使える）

例：*I (or we) present here a detailed study ....*

　　My (or our) recent work demonstrated ....

However, avoid clauses such as "we believe", "we feel", and "we can see", as well as personal opinions.　（we believe, we feel, we can see や個人的意見は不適）

Point 2 タイトルの前置詞・冠詞・動名詞

　論文のタイトルは、完全文ではなく名詞を列挙して構成するのが主流です。そこで、名詞と他の単語（ここでは名詞）との関係を表す前置詞をうまく使うことが大切です。また、各名詞の冠詞の扱いをどうするかの指針も決めておくと便利です。さらに、動詞を名詞化した動名詞（動詞としての性質を残す）を活用することで、単語同士の係りをわかりやすくできる場合があります。

①前置詞をうまく使って名詞の係りをわかりやすくする

● Nano-sized transition-metal oxides **as** negative-electrode materials **for** lithium-ion batteries

リチウムイオン電池用負極材料としてのナノサイズ遷移金属酸化物

（*Nature*、407 巻、6803 号、2000 年 9 月 28 日発行）

　＊ as で「～としての～」を表す。for で用途を表す。

● Biomass-derived porous carbon materials **with** sulfur and nitrogen dual-doping **for** energy storage

硫黄と窒素を二重ドーピングしたバイオマス由来の多孔質炭素材料のエネルギー貯蔵への応用

（*Green Chemistry*、17 巻、3 号、2015 年発行）

　＊ with で「～を有する」を表す。for で用途を表す。

● Imaging brain amyloid **in** Alzheimer's disease **with** Pittsburgh Compound-B

アルツハイマー病の脳内アミロイドのピッツバーグ化合物 B による画像化

（*Annals of Neurology*、55 巻、3 号、2004 年 3 月発行）

　＊ in で「～という（広がりをもった）場所における」を表す。with で「～を使って」を表す。

②文法的に正しく冠詞を使う

　名詞の数と冠詞を適切に扱いましょう。タイトル冒頭の The は、省くことが可能です。他の冠詞については、省略せずに文法どおりに使うことをお薦めします。また、不要な冠詞が入らないように、複数形を使うことも視野に入れます。

● **A** multi-modal parcellation of human cerebral cortex
ヒト大脳皮質のマルチモーダルのパーセル化

（*Nature*、536 巻、7615 号、2016 年 7 月 11 日発行）

　＊必要な箇所に不定冠詞 a を使用。

● Assessing **the** thermal contributions of urban land cover types
都市部の土地被覆の種類による熱影響の評価

（*Landscape and Urban Planning*、204 巻、2020 年 12 月発行）

　＊必要な箇所に the を使用。

● Crystal structure of a nitrate/nitrite exchanger
硝酸塩／亜硝酸塩交換輸送体の結晶構造

（*Nature*、497 巻、7451 号、2013 年 5 月 30 日発行）

＊冒頭の Crystal structure には文法的に the が必要であるが、冒頭の the は省くことが可能。一方、exchanger（交換体）は可算のため必要箇所に不定冠詞 a を使用。

③動名詞で of を減らして読みやすくする

「動詞の名詞形」と「動名詞（動詞に ...ing を付けて名詞形にしたもの）」を適切に使い分けます。例えば「定量化」に quantification（動詞の名詞形）と quantifying（動名詞）のいずれも使えますが、タイトルを動名詞で始めると単語数が減ります。

● Quantifying inactive lithium in lithium metal batteries
リチウム金属電池における不活性リチウムの定量化

（*Nature*、572 巻、7770 号、2019 年 8 月 22 日発行）

＊動名詞 quantifying（定量化する）を使うことで、直後に目的語を置けます。動詞の名詞形 quantification を使うと Quantification of inactive lithium in lithium metal batteries というように of が必要になりますが、動名詞を使うことで of が不要になります。

● Creating e-shopping multisensory flow experience through augmented-reality interactive technology
拡張現実型インタラクティブ技術による E ショッピングの多感覚フロー体験の創出

（*Internet Research*、27 巻、2 号、2017 年発行）

Point 3 論文のサブタイトルはコロンで導入する

タイトルが長くなる場合には、分割して一部をサブタイトルにします。サブタイトルにはコロン（:）を使います。コロンとは、大まかなことから詳細へと移すときに使用する句読点です（p. 254：仕様書「Point 2 数の表記の決まりを知る」参照）。

例 1

Electrode materials for rechargeable sodium-ion batteries: Potential alternatives to current lithium-ion batteries
ナトリウム・イオン二次電池用電極材料：現行リチウムイオン電池の代替可能性

(*Advanced Energy Materials*、2 巻、7 号、2012 年 7 月発行)

例 2

Laser powder-bed fusion additive manufacturing: Physics of complex melt flow and formation mechanisms of pores, spatter, and denudation zones

レーザー粉体融合付加製造：複雑な溶融物の流れと細孔、飛び散り、浸食ゾーンの形成メカニズムの物理学

(*Acta Materialia*、108 巻、2016 年 4 月 15 日発行)

Point 4 時制の工夫でアブストラクトの流れを作る

　アブストラクトには、研究の問題と目的を簡潔に記載し、実験について説明し、主な成果と主要な結論を示します。読み手に論文の要点と範囲がわかるように記載します。

　時制を工夫することで、情報の流れをうまく見せることができます。現在形、過去形、現在完了形の3つの時制を理解すること、現在形に対して加える助動詞を理解することが役に立つでしょう。

現在完了形：過去から現在までの状況を表す。

現在形：普遍的な事実を表す。

過去形：既に行ったことを表す。

助動詞：代表的な will, can, may を使って著者の考えを表す。will は確実に起こると著者が信じていること、can は可能性が確実にあること、may はあり得ること。

例1

現在形と現在完了形でこれまでの状況を表し、現在形で今回の研究を導入する。行った実験に現在形。最終文では現在形で知見を普遍的に表す。最終文には助動詞も使用。

導入：現在完了形・現在形 Rechargeable solid-state batteries **have long been considered** an attractive power source for a wide variety of applications, and in particular, lithium-ion batteries **are emerging** as the technology of choice for portable electronics. One of the main challenges in the design of these batteries **is to** ensure that the electrodes **maintain** their integrity over many discharge-recharge cycles. Although promising electrode systems **have recently been proposed**, their lifespans **are limited** by Li-alloying agglomeration or the growth of passivation layers, which **prevent** the fully reversible insertion of Li ions into the negative electrodes.

今回の研究と行った実験：現在形 Here we **report** that electrodes made of nanoparticles of transition-metal oxides (MO, where M is Co, Ni, Cu or Fe) **demonstrate** electrochemical capacities of 700 mAh g^{-1}, with

100% capacity retention for up to 100 cycles and high recharging rates. The mechanism of Li reactivity **differs** from the classical Li insertion/deinsertion or Li-alloying processes, and **involves** the formation and decomposition of Li_2O, accompanying the reduction and oxidation of metal nanoparticles (in the range 1-5 nanometres) respectively. ▐得た知見や結論／今後：現在形▌ We **expect** that the use of transition-metal nanoparticles to enhance surface electrochemical reactivity **will lead to** further improvements in the performance of lithium-ion batteries.

タイトル：Nano-sized transition-metal oxides as negative-electrode materials for
lithium-ion batteries
(*Nature*、407 巻、6803 号、2000 年 9 月 28 日発行)
＊便宜上、アブストラクト内での引用文献の番号は削除しています。

例2

現在形で導入。行った実験に過去形。最終文では現在形で知見を普遍的に表す。最終文には助動詞も使用。

▐導入：現在形▌ This report **describes** the first human study of a novel amyloid-imaging positron emission tomography (PET) tracer, termed Pittsburgh Compound-B (PIB), in 16 patients with diagnosed mild AD and 9 controls. ▐行った実験：過去形▌ Compared with controls, AD patients typically **showed** marked retention of PIB in areas of association cortex known to contain large amounts of amyloid deposits in AD. In the AD patient group, PIB retention **was increased** most prominently in frontal cortex (1.94-fold, p = 0.0001). Large increases also **were observed** in parietal (1.71-fold, p = 0.0002), temporal (1.52-fold, p = 0.002), and occipital (1.54-fold, p = 0.002) cortex and the striatum (1.76-fold, p = 0.0001). PIB retention **was** equivalent in AD patients and controls in areas known to be relatively unaffected by amyloid deposition (such as subcortical white matter, pons, and cerebellum). Studies in three young (21 years) and six older healthy controls (69.5 +/- 11 years) **showed** low PIB retention in cortical areas and no significant group differences between young and older controls. In cortical areas, PIB retention **correlated** inversely with cerebral glucose metabolism determined with 18F-fluorodeoxyglucose. This relationship **was** most robust in the parietal cortex (r = -0.72; p = 0.0001). 得た知見：現在形・助動詞 The results **suggest** that PET imaging with the novel tracer, PIB, **can provide** quantitative information on amyloid deposits in living subjects.

タイトル：Imaging brain amyloid in Alzheimer's disease with Pittsburgh Compound-B

(*Annals of Neurology*、55 巻、3 号、2004 年 3 月発行)

例 3

時制はすべて現在形。論文の本文に書かれている内容をアブストラクトで普遍的なこととして報告。助動詞を使用。

導入：現在形 Producing hydrogen in clean, affordable and safe manners without damaging the environment **can help address** the challenge of meeting a growing energy demand sustainably. Yeast biomass-derived materials—such as multi-heteroatoms (nitrogen, sulfur and phosphorus) doped carbon (MHC) catalysts from waste biomass—**can help develop** efficient, eco-friendly and economical catalysts to improve the sustainability of hydrogen production. 今回の研究と行った実験：現在形 Here we **report** hydrogen and oxygen production in 1 M potassium hydroxide using ruthenium single atoms (RuSAs) along with Ru nanoparticles (RuNPs) embedded in MHC (RuSAs + RuNPs@MHC) as a cathode and magnetite (Fe_3O_4) supported on MHC (Fe_3O_4@MHC) as an anode. The RuSAs + RuNPs@MHC catalyst **outperforms** the state-of-the-art commercial platinum on carbon catalyst for hydrogen evolution reaction in terms of overpotential, exchange current density, Tafel slope and durability. 得た知見：現在形 Furthermore, compared with industrially adopted catalysts (that is, iridium oxide), the Fe_3O_4@MHC catalyst **displays** outstanding oxygen evolution reaction activity. For whole water splitting, it **requires** a solar voltage of 1.74 V to drive ~30 mA, along with remarkable long-term stability in the presence (12 h) and absence (58 h) of outdoor-sunlight exposure, as a promising strategy towards a sustainable energy development.

タイトル：Multi-heteroatom-doped carbon from waste-yeast biomass for sustained water splitting

(*Nature Sustainability*, 3 巻、7 号、2020 年 4 月 6 日発行)

例4

現在形で導入、現在完了形でこれまでの状況と今回の研究の導入。過去形で実験について記載し、導いた知見を現在形で普遍的事実として表現。

導入：現在形と現在完了形 Three major modes of cancer therapy（surgery, radiation and chemotherapy）**are** the mainstay of modern oncologic therapy. To minimize the side effects of these therapies, molecular-targeted cancer therapies, including armed antibody therapy, **have been developed** with limited success. In this study, we **have developed** a new type of molecular-targeted cancer therapy, photoimmunotherapy (PIT), that uses a target-specific photosensitizer based on a near-infrared (NIR) phthalocyanine dye, IR700, conjugated to monoclonal antibodies (mAbs) targeting epidermal growth factor receptors. 行った実験：過去形 Cell death **was induced** immediately after irradiating mAb-IR700-bound target cells with NIR light. We **observed** in vivo tumor shrinkage after irradiation with NIR light in target cells expressing the epidermal growth factor receptor. The mAb-IR700 conjugates **were** most effective when bound to the cell membrane and **produced** no phototoxicity when not bound, suggesting a different mechanism for PIT as compared to conventional photodynamic therapies. 得た知見：現在形 Target-selective PIT **enables** treatment of cancer based on mAb binding to the cell membrane.

タイトル：Cancer cell—selective in vivo near infrared photoimmunotherapy targeting specific membrane molecules

(*Nature Medicine*、17 巻、2011 年発行)

Point 5 著者の考えを示す

著者の考えを伝える表現を4つ紹介します。現在形による言い切りに対して表現を追加します。具体的には、①助動詞、②予測を表す動詞、③副詞、④確信の度合いを表す動詞を追加することができます。

現在形の言い切り表現：
- 我々のrobot-Aは、壁を登るロボットの開発において重大な進歩となる。
  Our robot-A represents a significant advancement in the development of wall-climbing robots.

---

①助動詞を加える【確信 大→小：will → must → should → can → may】

Our robot-A **will** represent a significant advancement in the development of wall-climbing robots. （この先そうなる）

Our robot-A **must** represent a significant advancement in the development of wall-climbing robots. （そうであるにちがいない）

Our robot-A **should** represent a significant advancement in the development of wall-climbing robots. （そうでしょう）

Our robot-A **can** represent a significant advancement in the development of wall-climbing robots. （その可能性がある）

Our robot-A **may** represent a significant advancement in the development of wall-climbing robots. （そうなるかもしれない）

②予測を表す動詞 expect/seem/appear を加える

Our robot-A **is expected to** represent a significant advancement in the development of wall-climbing robots. （そうと思われる）

We **expect** that our robot-A **will** represent a significant advancement in the development of wall-climbing robots. （そうなると思う）

Our robot-A **seems** to represent a significant advancement in the development of wall-climbing robots. （そのようだ）

Our robot-A **appears** to represent a significant advancement in the development of wall-climbing robots. （そう見える）

③副詞 possibly/seemingly を加える

Our robot-A **possibly** represents a significant advancement in the
　　development of wall-climbing robots.（その可能性がある）

Our robot-A **seemingly** represents a significant advancement in the
　　development of wall-climbing robots.（そのようだ）

④確信の度合いを表す動詞を加える

**【確信　大 → 小：demonstrate/prove → reveal/indicate/show → suggest/
imply】**

The experiment **demonstrates/proves that** our robot-A represents a
significant advancement in the development of wall-climbing robots.（実
験により～が立証された）

The experiment **reveals that** our robot-A represents a significant
advancement in the development of wall-climbing robots. （実験により～
が明らかになった）

The experiment **indicates/shows that** our robot-A represents a significant
advancement in the development of wall-climbing robots. （実験により～
が示された）

The experiment **suggests/implies that** our robot-A represents a
significant advancement in the development of wall-climbing robots.
（実験により～が示唆された）

Memo 「人」しか主語になれない動詞に注意する

　動詞には、人が主語になるものと、人とモノ（無生物）の両方が主語に
なれるものがあります。論文の主語にはモノを多く使うので、人が主語の
動詞よりもモノが主語になれる動詞の蓄えを増やすと便利です。

　例えば「実験により、病気の徴候となりうる物質が発見された」と書き
たい場合に、In our experiment, we（人）と Our experiment（モノ）の両
方の主語が考えられますが、後者の場合に Our experiment discovered/
has discovered a diagnostic for the disease. とすることができません。
discover（～を発見する）は人が主語となり、モノを主語にすることができ
ないためです。

○ In our experiment, we have discovered a diagnostic for the disease.

×Our experiment has discovered a diagnostic for the disease.

　人とモノの両方が主語になれる動詞の場合には、次のように、自由に主語を決めることができます。
○ In our experiment, we have identified a diagnostic for the disease.
○ Our experiment has identified a diagnostic for the disease.

　「モノ」が主語になれるかどうかは、辞書の例文や動詞が表す動作に「人の感情や人の頭の働きが入るかどうか」で判断します。人もモノも主語になれる動詞のほうが数が多いため、「人しか主語になれない動詞」に注意するのがよいでしょう。

■「人」しか基本的に主語になれない動詞
decide （〜を決定する）
＊「決断を下す」という意味。モノが主語になる場合には determine を使う。

judge （〜を判断する）
＊回路などが主語になり判断する場合には determine を使う。

know （〜を知っている）
discover （〜を発見する）

find （〜を見つける）
＊主語を擬人化した場合には find の使用が可能。
　例：Industrial robots find use in ...　（産業用ロボットは〜に用途を見出す）

be able to （〜が可能）
＊主語が人に準ずるようなものであれば可能。The computer is able to ...（コンピュータは〜することができる）は可能。一方、This shirt is able to be washed in water.（このシャツは水洗いできる）のように単純なモノが主語の場合は be able to は不可。

learn （〜を学ぶ）
＊人のように学ぶ機械学習（machine learning）の内容では The machine

learns ... が可能。

discuss, examine, investigate, approve　（〜を議論する、調査する、認める）
＊主語が人に準ずる場合、例えば the paper（本論文）などであれば、無生
　物主語が可能。The paper discusses/examines/investigates ... や This
　document approves ... が可能。

ask　（〜に頼む）
＊This document asks ... は不可。This document requires ...（要請する）
　は可。

insist　（〜を主張する）
thank/appreciate　（〜に感謝する）
like/dislike　（〜を好む・嫌う）
would like to　（〜したい）

Point 6 カバーレターと著者プロフィールを準備する

ステップ1 カバーレターを準備しよう

　論文を提出する際に、カバーレターを準備します。論文に記載した研究の重要性を示し、研究内容が投稿先ジャーナルの求める内容に合致していることを示します。投稿先ジャーナルの記載要件（例：希望する査読者名、研究倫理に関する記載）がある場合には、それに従います。

カバーレターの雛形：

---

❶宛先〜呼びかけ
ジャーナルエディターの氏名
肩書き
ジャーナル名

　　　　　　　　　　　　　　　　　　　　　　Month Date, Year

Dear Dr. エディターの苗字： ◀── コロンを使う。コンマ（,）も可能

　　　　Dr./Mr./Ms. を正しく

Dear Editor in Chief: ◀── エディター名が不明の場合は肩書きで呼びかける。他の表現は Dear Managing Editor:

❷書き出し
I am writing to submit the manuscript entitled ["タイトル"] for consideration as [a research article や a review など論文の種類] in the [*the Science Research Journal* などジャーナル名]

❸研究内容
We examined the effect of _____ and confirm that _____.
例文：Our results suggest that _____.
Our study clarifies _____.
Our findings indicate that _____.
We have determined that _____.
We believe these findings presented in our paper will be of interest to the readers of your journal. Our findings will allow your readers to _____. （分野にどのように貢献できるかを書く。）

---

❹研究倫理と利害の抵触他

We declare that this manuscript is original, has not been published before, and is not currently being considered for publication elsewhere.

利害の抵触　　　　　　　　　　　　　　　研究倫理

We know of no conflicts of interest associated with this publication, and there has been no significant financial support for this work that could have influenced its outcome. As Corresponding Author, I confirm that the manuscript has been read and approved for submission by all the named authors.

ジャーナル固有の要件があれば記載（例：希望する査読者など）

❺挨拶文と署名

We hope you find our manuscript suitable for publication and look forward to hearing from you in due course.

Sincerely,
代表著者名
部門、組織名
住所
Tel./Fax:
Email:

本雛形は以下を参考にして作成しました。

Writing effective cover letters for journal submissions: Tips and a Word template

https://thinkscience.co.jp/en/articles/writing-journal-cover-letters

①宛先～呼びかけ

　必要情報（ジャーナル名や日付）を正しく記載する。（日付の書き方は p. 18 参照）Dear ＿＿: の呼びかけはエディターの苗字で行うが、氏名が不明な場合には肩書きで呼びかける。

②書き出し

書き出しは、メールと同じ I am writing to＿＿＿ とする。「〜というタイトルの論文を〜ジャーナルの〜という種類の論文への掲載をご検討いただくために投稿したい」と書く。論文タイトル、論文の種類、ジャーナル名を正しく記載する。

論文の種類には、Article / Full paper（原著論文・フルペーパー）、Review（レビュー論文）、Letter/Communication（速報・レター）、Note（研究ノート・短報）などがあり、呼び名は投稿先のジャーナルの投稿規定で確認する。

③研究内容

簡潔に研究内容を記載する。投稿先ジャーナルの扱う話題と適合していることが伝わるように書く。また、研究内容が、分野にどのように貢献できるかを伝える。

④研究倫理と利害の抵触他

研究倫理を守っていることを記載する。また、利害の抵触がないことを明示する。

さらに、ジャーナル固有の要件等があれば記載する。例えば希望する査読者を記載することができる。

例文：The authors of the report request that ＿＿＿＿＿（Dr./Mr./Ms./Prof. 氏名と所属）, an expert in the field of ＿＿＿＿＿（研究分野）, may be invited to review the manuscript.

⑤挨拶文と署名

最後に挨拶文と署名を記載する。「敬具」は Sincerely, ... といった正式なものとする。

　いつでも提出できる著者プロフィールを準備しておくと便利です。学歴とこれまでの職歴、現在取り組んでいる研究と興味を簡潔に記載します。

❶氏名と学歴と職歴

「氏名」「学位と学位を取得した教育機関、教育機関がある国名、取得時期（西暦）」、「現在の立場、所属、時期（西暦）」を含める。

___(氏名)___ obtained/received his/her ___(学位：PhD, doctorate degree,___ ___master's degree, MSc, MEng, 等)___ from ___(機関名, 国名：UK, USA, Japan)___ , ___(年)___ in the field of ___(専門分野)___ .

He/She has been a ___(立場：assistant professor, professor, senior manager)___ in ___(現在の所属)___ since ___(年)___ .

❷現在の立場

His/Her duties/activities/responsibilities include _____ and _____ .

Before joining _____ / starting his/her career in _ ___(現在の職種)___ , he/she was a ___(職種)___ in ___(過去の所属)___ , where ___(職務の内容)___ .

He/She was responsible for ___(担当した業務)___ and experienced ___(得た経験や知識)___ .

❸現在の研究対象や興味

現在興味を持っている研究対象を紹介する。

He/She strives to _____ . / He/She seeks to _____ .
（〜しようと努力している）

His/Her current research focuses on / concerns / regards ___(現在の研究対象)___ .

サンプル 1

<blockquote>

❶氏名と学歴と職歴 Mizuki Yamazaki received her Master's degree in Mechanical Engineering from ABC University, Japan, 2003. She has been an associate professor in the field of Autonomous Systems, ABC University since 2008. **❷現在の立場** Her current duties include numerical analysis and input-output stability theory coordination. Before joining ZZZ, she was a teaching fellow at XXX organization, where she conducted numerical analyses based on combinatorial theory. **❸現在の研究対象や興味** She now strives to bridge the gap between theoretical results in robust and optimal control and their use in practice. Her current research focuses on model predictive control, delayed systems, and input-output stability.

</blockquote>

サンプル 2

<blockquote>

❶氏名と学歴と職歴 Takeshi Yoshimoto obtained a BSCE from XYZ University, Japan in 2010 and a PhD in Civil Engineering from AAA University, Japan, 2014. Before starting his career at ZZZ University, he was an associate professor in the School of Civil and Environmental Engineering at AAA University, and also a member of the School of Theoretical and Applied Mechanics at AAA University. **❷現在の研究対象や興味** Prof. Yoshimoto has broad interests in computational mechanics, including finite element methods, computational inverse problems, and uncertainty quantification.

</blockquote>

Ⅱ
5

論文

「原理」に principle, theory, mechanism のいずれを使うべきか迷うとの声が企業の研究者より寄せられました。

3つの単語はそれぞれ意味が重なっている部分もありますが、使い分けがあります。

principle（原理・定理）は一般法則といえる程度に確立したルールに使います。working principle、operating principle は「動作原理」です。

theory（理論・方法論）は方法論に使います。

mechanism（仕組み・機構）はより幅広く仕組み全般に使用します。

英英辞書 Collins COBUILD Advanced Learner's Dictionary の定義も読んで、理解を深めておきましょう。

principle（原理）

The principles of a particular theory or philosophy are its basic rules or laws. Scientific principles are general scientific laws which explain how something happens or works.

（特定の理論や哲学の原理とはその基本ルールや基本法則のこと。科学技術における原理とは事象が起こるまたは機能する仕組みを説明する科学的な一般法則のこと）

theory（理論）

A theory is a formal idea or set of ideas that is intended to explain something.

（何かを説明するための正式な考えまたは一連のアイディア）

mechanism（メカニズム）

A mechanism is a special way of getting something done within a particular system.

（特定の系において何かをするための特別な方法）

論文の表現集

❶表題：名詞形とする

~を~すること
_____ ing _____
~のための~
_____ for _____
~による~
_____ with/using/by _____

● プラズモニック光触媒におけるホットキャリアおよび熱影響の定量化
Quantify**ing** hot carrier and thermal contributions in plasmonic photocatalysis
(*Science*、362 巻、6410 号、2018 年 10 月発行)

● 光の電場による誘電体の制御
Controll**ing** dielectrics with the electric field of light
(*Nature*、493 巻、7430 号、2013 年 1 月発行)

● 高速の動的現象を実時間で観察するための連続的な時間符号化増幅撮像
Serial time-encoded amplified imaging **for** real-time observation of fast dynamic phenomena
(*Nature*、458 巻、7242 号、2009 年 4 月発行)

● 光熱効果を有する二機能性生体材料の腫瘍治療および骨再生への応用
A bifunctional biomaterial with photothermal effect **for** tumor therapy and bone regeneration
(*Journal of Geophysical Research-Atmospheres*、100 巻、D5 号、1995 年 5 月 20 日発行)

❷アブストラクト　(p. 315~318 の例 1 ~ 4参照)

1. テーマの導入と解決すべき問題 _____ (現在形・現在完了形)：本文の「導入」に相応する
2. 今回何を行ったか _____ (過去形・現在形)：本文の「実験方法」に相応する

3. 得られた知見・推論 _____ （現在形・助動詞 will 他の表現）：本文の
「結果」と「考察」に相応する

❸導入

~は注目されている
_____ has/have attracted/gained much/considerable
(research) attention.
~は~のために注目されている
_____ has/have attracted/gained much/considerable
(research) attention due to/because of _____.
~により、~が必要になってきた。
_____ has/have emphasized/increased the need to _____ .

● 二足歩行ロボットは長年研究者の間で注目されてきた。

Biped robots **have attracted** much attention from researchers in recent decades.

● 受動的動歩行は、人に類似しかつエネルギー効率のよい歩行動作を特徴とするため注目されている。

Passive dynamic walking（PDW）**has gained much research attention** due to its humanoid and energy-efficient gaits.

● 都市部のヒートアイランド現象は人々の生活に直接的な影響を与えるために注目されてきた。

The urban heat island（UHI）phenomenon **has attracted considerable attention** because of its direct influence on people's daily life.

● エネルギーコストが増加し、環境への懸念が高まる中で、持続可能な再生可能燃料が必要になってきた。

The increasing energy costs and environmental concerns **have increased the need to** produce sustainable and renewable fuels.

> ~（A）にとって、~（B）は重要である。~（B）によって、~（A)ができ
> るようになる。
> _____ （A）require(s) _____ （B）.
> _____ （B）is crucial for/in _____ （A）.
> _____ （B）is an indispensable tool for _____
> _____ （A）.

● 関節リウマチの患者に最適なケアを提供するためには、薬理学的・非薬理学的
療法を含む統合的なアプローチを取ることが重要である。
Optimal care of patients with rheumatoid arthritis **requires** an integrated
approach involving both pharmacologic and nonpharmacologic therapies.

● 持続的な癌治療のためには、癌細胞をすべて除去するまたは癌細胞を抑えるこ
とが重要である。
A sustainable cancer cure **requires** the elimination or mitigation of all
cancer cells.

● 地表面温度（LST）を算出することによって、都市部のヒートアイランドや地
域の気候変動を理解できる。
Retrieving land surface temperature (LST) **is crucial for** understanding
urban heat islands and local climate changes.

● 画像化は脳腫瘍の診断および外科手術計画において不可欠な手段である。
Imaging **is an indispensable tool for** brain tumor diagnosis and surgical
planning.

> ~により、~に変化がもたらされた。
> _____ have transformed/changed _____.

● 現代の灌漑技術により、砂漠地帯の大部分が生産性のある農業地域に変わった。
Modern irrigation techniques **have transformed** large parts of the desert
into productive agricultural areas.

● 工場自動化により、多くの産業、とりわけ製造業界に変化がもたらされた。
Factory automation **has transformed** many industries, most notably,
manufacturing.

> しかし、〜はまだよく分かっていない・まだ確立していない。
> However, _____ remains (largely) unknown/unclear.
> However, _____ has/have been poorly defined.

● しかし、学習中に動物の脳内に神経シーケンスが形成される仕組みについては
まだよく分かっていない。
However, the mechanism by which neural sequences develop in animal
brains during learning **remains** largely unknown.

● しかし、生乳を汚染する病原性細菌の発生源は不明のままである。
However, the sources of pathogenic bacteria that contaminate raw milk
remain unclear.

● しかし、非線形特性を有する給電回路の精密な電気回路モデルはまだ確立され
ていない。
However, a precise electric circuit model of the feeder with nonlinear
characteristics **has been poorly defined**.

> 〜には〜という限界がある。
> _____ is limited by _____.

● IoT を利用してデータ収集をすることは有益であるが、電源の確保とデバイス
のアクセスが課題となっている。
Collecting data using Internet of Things (IoT) holds promise but **is limited
by** the need for power sources and device accessibility.

● 本薬剤の安全性と効果は立証されているが、投与頻度が高いために利用に限界
がある。
This drug has been proved safe and effective, but its use **is limited by** the
need for frequent dosing.

> 本論文は、〜のための〜に関する。
> This paper presents _____ for _____.

● 本論文はディーゼルエンジンの排ガスを減らすことができるエマルジョン燃料

に関する。

This paper presents emulsion fuels **for** reducing exhaust gases of diesel engines.

● 本論文は転がるボールの上で足踏みできる二足歩行ロボットの制御に関する。

This paper presents a control framework **for** a biped robot to step on a rolling ball.

> 本論文は、〜を可能にする〜システムに関する。
> This paper presents a _____ system that enables _____.

● 本論文は大規模交通計画のシミュレーションを可能にするVRシステムに関する。

This paper presents a virtual reality（VR）system that enables large-scale transportation plans to be simulated.

❹実験方法

> 実験では、〜を行った。
> In our experiment, _____is/are/was/were _____.
> 受け身可、現在形・過去形可

● 実験において、20種の形状を特定できるようにロボットの学習を行った。

In our experiment, the robot **was** trained to identify 20 different shapes.

● 実験では、165個の試料に対してPCR装置により標的ウィルスの有無を調べた。

In our experiment, a total of 165 samples **were** tested for the target virus with a PCR device.

> 〜は〜から構成されている。
> The _____ consists of _____ and _____.

● ロボットの制御部分はバランス制御部と足踏みプランナから構成される。

The control framework for the robot **consists of** a balance controller **and** a footstep planner.

> ～を～した。その後で、～を行った。
> _____ was/were _____, followed by _____.

● バイオマス由来の糖質から酸触媒を用いた脱水反応により液体アルカンを製造し、固体塩基触媒上でのアルドール縮合により大型有機化合物を生成させた。
Liquid alkanes **were** produced from biomass-derived carbohydrates through acid-catalyzed dehydration, **followed by** aldol condensation over solid base catalysts to form large organic compounds.

> 本研究では、～を使って～を行った。
> This study uses/used _____ to _____.
> 現在形・過去形可

● 本研究では、感染症発生期間における大学生 1 万人超の精神状態を AI を使って分析した。
This study uses artificial intelligence（AI）**to** analyze the emotional state of over 10,000 college students during the outbreak period.

● この研究では、牧草地、土壌、飼料、水源、生乳などの酪農場に共通するサンプリングポイントで採取した合計 120 のサンプルを使用した。
The study used a total of 120 samples taken from sampling points common **to** dairy farms, including pasture, soil, feed, water sources, and raw milk.

❺結果

> ～のとき、～であった。
> For/At/In/With _____, _____.

● 純低硫黄重油の場合、燃費は 1 時間あたり 260 リットルであった。
For pure low-sulfur heavy fuel oil, the fuel consumption rate **was** 260 l/h.

● 高温（130 K を超える）では、フォトルミネセンスは主にドナー結合励起子の再結合により生じていた。
At higher temperatures (T > 130 K), photoluminescence **is mostly caused by** recombination of the donor-bound excitons.

> XのAは〜であり、YのAは〜であった。
> A was _____ for X, and _____ for Y.

● 胸部 CT の感度は 95% であり、PCR 法の感度は 85%であった。
The sensitivity **was** 95% **for** chest CT and 85% **for** PCR.

> 〜に〜は観察されなかった。
> No _____ has been (was/were) observed in _____.

● 2 つの変数の間に有意差のある相関関係は観察されなかった。
No significant correlation **was observed in** the two variables.

> 〜によって、〜が増加・減少した。
> _____ increased/decreased _____.

● アルコール治療により、患者の総コレステロール値が減少した。
The alcohol treatments **decreased** the levels of total cholesterol in patients.

> 今回の結果は〜と一致していた。
> The results/Our experimental results agree with _____.

● 今回の実験結果は、Au と Ag について実験により報告されている活性と一致した。
Our experimental results agree with the activities experimentally reported for Au and Ag.

● 測定結果は、我々の 3 次元有限要素シミュレーションと一致している。
The measurement results agree with our 3D finite element simulations.

❻考察

> 〜が〜である。そのことによると、〜が〜であると考えられる。
> _____, suggesting _____.

● 電気泳動移動度がカルシウムイオンの影響を強く受けていた。そのことから、

カルシウムがタンパク質に取り込まれていると考えられる。

The electrophoretic mobility was strongly affected by calcium ions, **suggesting** uptake of calcium by the protein.

● 神経再生部周辺において類骨組織が観察された。このことによると、これらのタンパク質が骨形成に影響を与えていると考えられる。

Osteoid tissue was observed around the nerve regenerates, **suggesting** a possible influence of these proteins on bone formation.

本結果によると、～が示唆されている。

Our results suggest/raise the possibility that ＿＿＿＿＿＿＿＿.

● ワクチンの免疫反応が接種部位の影響を受ける可能性があることが分かった。

Our results suggest the possibility that the site of vaccination may impact the immune response to the vaccine.

実験を行った結果、～が明らかになった。

Our experiment reveals/shows that ＿＿＿＿＿＿＿＿.

● ポリ臭化ジフェニルエーテル（PBDE）が土壌から葉物に移行し得ることが実験から明らかになった。

Our experiment reveals that polybrominated diphenyl ethers（PBDEs）can translocate into leafy vegetables from soils.

この方法によると、～することが期待できる。

Our approach/method holds great promise to ＿＿＿＿＿＿.

● この方法によると、低コストで環境に優しい工業用グレードの再生可能なバイオマス由来の炭素材料の生産が可能になることが期待できる。

Our approach holds great promise to achieve low-cost, green, and industrial-grade production of renewable biomass-derived carbon materials.

> ～には～できる可能性がある。
> _____ show(s) potential to _____. / _____ have (has) the
> potential to _____.

● プラグインハイブリッド電気自動車（PHEV）は、温室効果ガスの排出量を削減し、燃費を向上させる可能性がある。

Plug-in hybrid electric vehicles (PHEVs) **show potential to** reduce greenhouse gas emissions and increase fuel efficiency.

● 腫瘍標的化技術と画像化技術を統合することにより、医術を改善できる可能性がある。

Integration of tumor targeting and imaging technologies **has the potential to** improve the practice of medicine.

Ⅱ
5
論文

> ～が～を可能にすると考えられる。
> _____ (will) enable _____.

● 今回の3D印刷の手法により、種々の異なる設計を数分単位で印刷することができるようになる。

This 3D printing method **will enable** many different designs to be printed in minutes.

● 我々のアーキテクチャーによって、複数の部品をプログラム可能に組み立てることが可能になる。

Our architecture **enables** the programmable assembly of multiple components.

> 本論文では、〜を説明した。
>
> In this paper, we have presented _____.

● 本論文ではハイダイナミックレンジ（HDR）システムの、スループット性能
について説明した。

In this paper, we have presented the throughput performance of our HDR
system.

● 本論文では、機能的 MRI における応答の検出方法について説明した。

In this paper, we have presented the method for detecting responses in
functional MRI.

> 得られた知見によると、〜であった。
>
> Our finding(s) demonstrate(s) that _____.

● このタンパク質が膵臓癌のバイオマーカーとして機能することが得られた知見
で分かった。

Our findings demonstrate that this protein can act as a biomarker for
pancreatic cancer.

> 我々は〜と結論づけた。
>
> We conclude that _____.

● 我々は、それらの特定の食事により病変の発症を阻害するだけでなく、既存の
病変の進行も阻害すると結論づけた。

We conclude that these particular diets inhibit the initial development of
lesions and also inhibit the progression of the existing lesions.

> 〜についてのさらなる研究が必要である。
>
> _____ need(s) further research/attention/investigation.

● 野菜のフェノール酸含量は大きくばらついていたため、さらなる研究が必要で
ある。

Variation in the phenolic acid contents of the vegetables was considerable and **needs further research**.

● これらのゲノムの特徴について今後着目すべきである。
These genomic features **need further attention**.

❽謝辞

> ～してくれたことに対して、～に感謝する。
> We/I thank _____ for _____.
> We/I are/am grateful to _____ for _____.

● Ｙ・キムラ教授とＫ・コジマ教授に原稿を読んでもらったことに感謝している。
We thank Professor Y. Kimura and Professor K. Kojima **for** their review of the manuscript.

● マイク・リンダ―氏に図面を手伝ってもらい感謝している。
We are grateful to Mike Linder **for** his help with the figures.

> 本研究は～による助成金 No. _____ により支援されている。
> This research/work was supported by _____under Grant _____ .

● この研究は国家ヘルスケア機構による助成金 No. 123456 により支援されている。
This research was supported by the National Healthcare Organization **under Grant** 123456.

> _____（～による助成金 No. ） による支援に感謝する。
> _____ is (are) acknowledged for financial support.

● 自然科学財団による助成金 No. 1234 による支援に感謝する。
The Natural Science Foundation（No. 1234）**is acknowledged for financial support**.

❾参考文献

> 著者名、論文タイトル。ジャーナルの略称、巻数、発行年、ページ範囲。
> Author, Title of Article. *Journal Abbreviation,* Volume, 20XX, 10-20.

● J・スミス他、原子絶縁体におけるシングルスピンアドレッシング。*Nature*、
500 巻、2015 年、320–328

J. Smith et al., Single-spin addressing in an atomic insulator. *Nature,* 500,
2015, 320–328.

　＊上記は一例であり、投稿先ジャーナルの規定に従って記載する。

Message to You

アブストラクトは簡潔に——2文のアブストラクトがある

　アメリカ化学会のスタイルガイド（『ACS スタイルガイド』）の「アブストラクト」の説明箇所に「最適な長さは1パラグラフである。しかし2文という可能性さえもありえる」と書かれています。

Abstract
Although an abstract is not a substitute for the article itself, it must be concise, self-contained, and complete enough to appear separately in abstract publications. Often, authors' abstracts are used with little change in abstract publications. **The optimal length is one paragraph, but it could be as short as two sentences.** The length of the abstract depends on the subject matter and the length of the paper. Between 80 to 200 words is usually adequate.
（出典：Standard Format for Reporting Original Research, *The ACS Style Guide*, 3rd Edition）

　このスタイルガイドからは、不要語が多く含まれた長いアブストラクトを書くよりも、そぎ落として短くした方がよい、というメッセージが読み取れます。

　実際に、2文からなるアブストラクトを見つけましたので、ここに例示します。2018年にノーベル物理学賞を授賞したカナダの光学研究者ドナ・ストリックランド（Donna Strickland）が1985年に発表した論文です。

We have demonstrated the amplification and subsequent recompression of optical chirped pulses. A system which produces 1.06 μm laser pulses with pulse widths of 2 ps and energies at the millijoule level is presented.
（出典：Strickland, Donna; Mourou, Gerard (1985). "Compression of amplified chirped optical pulses". *Optics Communications* 56 (3): 219–221. doi:10.1016/0030-4018(85)90120-8. ISSN 00304018）

　We（著者）を主語にしてアブストラクトを開始し、現在完了形を使い、ま

た動詞 demonstrate で強い確信を示しています。

　このアブストラクトを複数名の研究者に読んでもらったところ、分野が近い研究者たちは「十分に内容がよくわかる。素晴らしい。」という反応を示し、分野が異なる研究者からは「2 文では情報が少ないので、研究内容のどこが素晴らしいのか判断できない。おそらく数値を見れば、分野の人にはよくわかるのだと思う」とのことでした。ノーベル賞受賞者による 2 文のアブストラクトを真似することはできないかもしれませんが、簡潔に書くことが大切と理解できる、興味深い一例です。

各種文書で 3C を実践する
スタイルガイドを作ろう

　「正確・明確・簡潔」に書くという 3 つの C のライティング技法が習得でき
た。さて、その 3 つの C を使って、実務で必要な文書をどのように作成すれ
ばよいのか。そのような問いに答える書籍を書きたいと思いました。例えば、
論文とマニュアルでは使う英語表現が明らかに異なる。メールはどうか。仕様
書はどうか。そのように迷い出すと、実務の英語が果てしなく難しい世界のよ
うに見えてくる。

　メールの書き方、論文の書き方、契約書の書き方、というように、それぞれ
の技術文書に特化した教材は世の中に数多くあるけれど、実務で必要な複数の
技術文書について一度に学べる教材や書籍は、筆者の知る限りにおいてありま
せんでした。そのような教材があれば、業務において様々な文書が必要となる
日本の企業にとって便利なのではないか、と考えました。そのような教材を目
にしなかった理由はおそらく、複数の文書を横断的に扱っている実務者が少な
い、または、そのような実務者がいるとしても執筆に割く時間がないから。そ
れなら筆者がその大きなタスクを請け負いましょう。そんな気持ちで執筆を開
始しました。

　企業研修や大学での理系学生の授業において、自社製品や自分の技術を 1 つ
選んで素材に使い、メール、議事録、製品説明、プレゼン資料、報告書、提案
書、マニュアル、仕様書、契約書、論文へと展開する講義を行ったところ、3
つの C（正確・明確・簡潔）を軸にした各文書は、その製品や技術を実に様々な
形で表現しながらも、それらの情報を生き生きとした姿で、意図する読者に伝
えることができるということが確認できました。講義の参加者からは、「各文
書の特徴と注意すべき点がわかった」「様々な文書を作成することに慣れた」
「同じ技術内容を、視点を変えて様々な文書で表現するのは面白かった」「慣れ
ると、思ったより平易にできた」といった声が寄せられました。3 つの C を
あらゆる文書に適用しながら、文書の目的ごとのスタイルの違いに応じて誰も
が各文書を作成することができる。それは、決して難しいことではありません。

　また、文書間の関係を知ることにより、各文書をより戦略的に作成すること
ができます。例えば、メールを丁寧に婉曲表現で書くのは、メールが他の技術

文書と違って特定の相手との直接的なやりとりとなるため。仕様書とマニュアルの違い、提案書と論文、さらには報告書との違いや似ている点。議事録とプレゼンスライドに共通の単語の減らし方。そのように文書横断的に類似点と相違点を理解することにより、各文書の特徴がよくわかり、それぞれを必要に応じて効果的に作成することができます。

　日本企業において英語で技術文書を作成される際に本書がお役に立てることを願っています。*Message to You* の「日本企業版「スタイルガイド」を作りませんか」（p. 64 参照）でも触れましたが、ゆくゆくは社内や組織内で技術文書作成のスタイルガイドの整備が進むことを願っています。つまり、各技術文書の表記方法、分野独特の内容、テンプレートまでを含めた「日本企業版スタイルガイド」（例えば Microsoft 社の *Microsoft Manual of Style* や IBM 社の *The IBM Style Guide* の類）が作成され、それが、一企業内のみならず、その企業外でも分野別に参照できるようになれば、日本の英語技術文書の標準化が進むことでしょう。技術文書の標準化により、仕事が早く、的確に進むようになる。本書がそのような可能性を考えていただくきっかけとなり、英語での技術文書作成に悩む方々の一助となれば幸いです。

　最後になりましたが、本書の出版を可能にしてくださった、研究社の星野龍様に心より感謝申し上げます。

2022 年 10 月

中山　裕木子

著者紹介

中山 裕木子(なかやま・ゆきこ)

株式会社ユー・イングリッシュ代表取締役。

一般社団法人日本能率協会 JSTC 技術英語委員会専任講師。

著書に『技術系英文ライティング教本』(日本能率協会マネジメントセンター)、『外国出願のための特許翻訳英文作成教本』(丸善出版)、『会話もメールも英語は3語で伝わります』(ダイヤモンド社)、『英語論文ライティング教本』(講談社)、『技術英語の基本を学ぶ例文300 —エンジニア・研究者・技術翻訳者のための』(研究社)、『シンプルな英語』(講談社)他、訳書に『ACS スタイルガイド アメリカ化学会 論文作成の手引き』(講談社)がある。

2000 年より特許事務所で電子・電気、機械の特許明細書の日英翻訳に従事する。

2001 年に工業英検1級(現:技術英検プロフェッショナルレベルに相応)取得。首位合格により文部科学大臣賞を受賞。

2004 年、フリーランス特許翻訳者になり、主に電子・電気、機械、半導体分野の日英特許翻訳に従事する。同時に公益社団法人日本工業英語協会(2022 年に一般社団法人日本能率協会に吸収合併)の専任講師に就任。大学や高専などの教育機関や企業で理工系研究者を対象とした技術英語の指導、特許英語の指導にあたる。

2014 年4月、特許英語と論文英語を専門とする翻訳と教育の会社、株式会社ユー・イングリッシュ設立。高品質の翻訳サービスと技術英語指導サービスの提供により、日本企業による技術文書の品質向上に尽力する。http://u-english.co.jp/

英語の技術文書

——エンジニア、ビジネスパーソンが
技術英語のスキルで 10 種の文書をすばやく学べる

2022 年 10 月 31 日

著　者　中山　裕木子

発行者　吉田　尚志

発行所　株式会社　研究社
　　　　〒 102-8152
　　　　千代田区富士見 2-11-3
　　　　［営業］03(3288)7777(代)
　　　　［編集］03(3288)7711(代)
　　　　https://www.kenkyusha.co.jp/

振　替　00150-9-26710

印刷所　図書印刷株式会社

本文組版・
デザイン　株式会社明昌堂

KENKYUSHA
〈検印省略〉

ⓒ Yukiko Nakayama
ISBN 978-4-327-43100-6 C2082
Printed in Japan